以色列物理学家强大思考法

三大思考工具 轻松解决各种问题

全新 修订本

[日] 岸良裕司　　[日] 岸良真由子　著

李瑷祺　译

考える力をつける３つの道具

北京时代华文书局

图书在版编目（CIP）数据

三大思考工具轻松解决各种问题 /（日）岸良裕司,（日）岸良真由子著；李瑷祺译. — 修订本. — 北京：北京时代华文书局，2020.9
ISBN 978-7-5699-3896-8

Ⅰ. ①三… Ⅱ. ①岸… ②岸… ③李… Ⅲ. ①思维方法－研究 Ⅳ. ① B80

中国版本图书馆 CIP 数据核字（2020）第 175282 号

北京市版权局著作权合同登记号　图字：01-2015-6997 号

KANGAERU CHIKARA WO TSUKERU 3TSU NO DOUGU by Yuji Kishira & Mayuko Kishira Copyright ©2014 Yuji Kishira & Mayuko Kishira Shimplified Chinese translation copyright ©2016 by Beijing Time-Chinese publishing House Co.,Ltd. All rights reserved.
Original Japanese Language edition published by Diamond,Inc.
Shimplified Chinese translation rights arranged with Diamond , Inc.
through Beijing GW Culture Communications Co.,Ltd.

三大思考工具轻松解决各种问题·修订本
SAN DA SIKAO GONGJU QINGSONG JIEJUE GEZHONG WENTI XIUDING BEN

著　　者｜[日] 岸良裕司　[日] 岸良真由子
译　　者｜李瑷祺

出 版 人｜陈　涛
选题策划｜胡俊生
责任编辑｜余　玲　余荣才
责任校对｜周连杰
装帧设计｜程　慧　赵芝英
责任印制｜刘　银　訾　敬

出版发行｜北京时代华文书局　http://www.bjsdsj.com.cn
　　　　　北京市东城区安定门外大街 138 号皇城国际大厦 A 座 8 楼
　　　　　邮编：100011　电话：010-64267955　64267677

印　　刷｜三河市嘉科万达彩色印刷有限公司　0316-3156777
　　　　　（如发现印装质量问题，请与印刷厂联系调换）

开　　本｜710mm×1000mm　1/16　印　张｜11　字　数｜115 千字
版　　次｜2021 年 1 月第 1 版
印　　次｜2021 年 1 月第 1 次印刷
书　　号｜ISBN 978-7-5699-3896-8
定　　价｜48.00 元

版权所有，侵权必究

前言 解决各种问题的超强武器

　　本书一开头的绘图故事《兔子与螽斯》，改编自流传已久的两则寓言：《龟兔赛跑》和《蚂蚁与螽斯》。奇妙的是，我总觉得比起胜利方的乌龟和蚂蚁，失败方的兔子和螽斯反而更能引起共鸣，应该不只我一个人这么想吧？

　　我知道，即使是一步一步慢吞吞地前进，只要像乌龟一样努力不懈就能成功；我也懂得，我们应当学习蚂蚁孜孜不倦地勤奋工作。但要像乌龟和蚂蚁般脚踏实地、吃苦耐劳，还真不是件容易的事。我反而会明知不应该，却忍不住选择像兔子一样偷闲休息一下，像螽斯一样成天玩乐度日[1]。

　　只顾眼前的事，不知不觉让问题不断累积，这种坏习惯恐怕不只发生在螽斯身上。类似的情况，似乎也在我们的日常生活中层出不穷。

---

[1] 大学时代，老是逃学的我每天玩得比螽斯还痛快：和朋友们夜夜笙歌，通宵达旦，到了白天拼命补充睡眠，睡得连兔子也不敢和我比试。结果，我连续念了三年大学一年级，甚至差点被退学，但我当时依旧不改习性。

1

我们在学校里，通过教科书学习各种各样的知识，通过考试一次又一次地解题、答题。然而走上社会之后，我们每天得面对教科书中不曾出现的各种各样的问题。不用等到别人来提醒"你已经不是个学生"，我们就得硬着头皮去解决这些教科书不会教的问题，而且连有没有标准答案都不知道❶。这就是我们的现实世界。

　　这是一个变化剧烈的时代。随着环境的变化，我们要处理的问题也不停地改变。在这样的环境下，若要说有什么事可以持续发挥效力、帮得上忙，我想就是让自己拥有"思考的能力"。

　　本书所介绍的"培养思考力的三大工具"，是由以色列物理学家高德拉特博士发明，最初是希望让教育工作者通过这套方法，培养儿童的"思考力"。此

---

❶ 面对没有标准答案的问题，若你努力尝试解决且表现卓越，这时你找到的答案就有可能编入教科书中。事实上，现实社会可以说是一个创造未来教科书内容的地方。

方法只需三种工具,而且简单、好玩又易于实践。随着练习的累积,还会让人越来越爱思考。另外一项优点是,无论大人小孩❶都适用。日本从2011年起推广这套学习方法,短短数月后就在职场、家庭、学校等广泛的环境中,陆续出现成效卓著的案例。其在日本普及速度之快,令世界各国惊叹。

开发这套学习方法的高德拉特博士生前曾说——

阻碍学习的最大障碍就是直接告知答案,因为这等同于从此剥夺了寻找答案的机会。

我相信,靠自己的逻辑思考找出答案,才是学习的唯一途径。

比起命令句的"!",疑问句的"?"更能让人拥有思考力。

---

❶ 教育是为人父母者最关心的问题之一。许多父母希望孩子成为一个会思考的人,因而亲自教导孩子使用本书介绍的三大工具。在亲子一同学习的过程中,有时孩子在思考方面的可塑性会让父母大为惊叹,最重要的是,能够培养教育孩子成为一个会思考的人。学习的过程中,亲子的感情也会逐渐升温,我们每年都能听到这类感人实例。关于制约理论,可参考本书结尾的"专栏二"。

本书依据高德拉特博士留下的教导，设计出许多问题。让读者在思考这些问题的过程中，自然而然地培养出"思考力"。❶

学过这套方法的人，都异口同声地说："原来思考这么好玩！"解决日常生活中的问题，变得像益智问答般有趣，并且自然而然地培养出"思考力"。

即使是目前属于失败方的兔子和蟊斯，也一定能通过改变今后的生活方式，开创光明的前程。在它们为自己开创光明前程的同时，希望各位读者也能在趣味的问答中一边培养"思考力"，一边开创出无限光明的未来❷。

---

❶ 或许有些读者会被密密麻麻的注脚吓到。这种注解又称为"暴走注解"，在书中写这些注解是我写书的一大乐趣，还请各位读者敞开心胸，多多包涵。

❷ 因这套思考方法而缔造成功案例的人，都异口同声地说："教学者收获最多。"想将书中的三大工具运用自如，最快的办法就是去教身边的人。一边教别人使用三大工具，一边为人解决问题；一边受人感谢，一边让自己学习成长，天底下竟有这般好事，各位读者不妨也试试！

和我们一起创造光明的前程吧！

目录

兔子与蚤斯

Part 1 培养思考力的三大工具

该如何解决没有标准答案的问题？　　　　　　　　3
三大思考工具　　　　　　　　　　　　　　　　7

Part 2 整顿杂乱无章 ——分支图

明白相互关系，理清杂乱无章　　　　　　　　　11
什么是逻辑思考？　　　　　　　　　　　　　　12
培养逻辑思考力的"分支图"　　　　　　　　　14

目录

利用分支图思考"为什么"	17
运用逻辑思考预测未来	22
和他人一起思考时的要诀	24
用分支图避开危难	26
"不想跟妈妈分开"四岁幼童绘制的分支图	28
练习题 想一想,"不写作业"会发生什么事?	30
"推理分析"——利用分支图从失败中学习	33
进行推理分析时的简单提问	41
将推理分析运用在科学实验中的实验学习法	43
人乐于从失败中学习	45
"科学家精神"的四个信念	46
四个检视项目,检验逻辑思考是否确实	50
四个简单提问,检验逻辑思考是否确实	55
改变前提的创意想象	56

Part 3 解决一团混乱！
——疑云图

用疑云图解决两难局面	63
蠡斯的两难	65
绘制疑云图的简单提问	68
确认绘制的疑云图是否完善	70
面临对立状况时采取的各种行动	73
找出对立结构中的"偏见"	75
找出偏见，解决对立的简单提问	85
如何直觉而快速地找出解决对立之道	88
四岁儿童绘制的疑云图	90
让高德拉特博士不再大发雷霆的疑云图	92

Part 4　告别一片幽暗！
——远大目标图

实现梦想的远大目标图　　　　　　　　　　　103

五个简单提问，轻松绘制远大目标图　　　　112

英国的幼儿园幼童绘制的远大目标图　　　　114

兔子与蠡斯的后续故事

专栏一："教育制约理论"的创立与应用　　　129

专栏二：何谓整体优化的企业管理制约理论？　134

专栏三：随时检查你的"假设"　　　　　　　139

▶ 后记

让大家都爱上思考　　　　　　　　　　　　142

4

兔子与蚤斯

有一天,
失望沮丧的兔子遇上了
肚子饿得脚都站不稳的蝨斯。

"不瞒你说……"

兔子开始说起自己的故事。

"跑这么慢,
根本没什么好怕的。
有点累了,
来这儿休息一下吧。"

然而,
我居然迷迷糊糊地睡着了……

"输了赛跑……
又被大家取笑说,兔子居然输给了乌龟……
所以,我才这么沮丧。"

"不瞒你说……"
蠡斯开始说起他的故事。

"对了,
蠡斯大哥,
你又是为什么,
走起路来摇摇晃晃的?"

夏日炎炎时，我看到蚂蚁都在努力工作。

看他们那么卖力，我忍不住说：
"天气这么热，还工作得这么卖力，
你们有毛病吗？"

蚂蚁便回答：
"现在不先囤积食物，
等到冬天，就难挨了！"

于是，我取笑他们：
"现在就担心冬天，
你们也想得太多了吧！"

蚂蚁每天辛勤工作,
而我每天唱歌跳舞……

到了冬天。

没有东西吃，
怎么办……

当我步履蹒跚地
寻找着食物时，
忽然看到远处的
房子里有亮光。

"去跟他们要一点东西吃吧！"

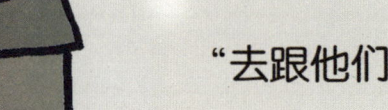

"结果我就饿了一整个冬天,才会变得这么狼狈……"

我们到底哪里做错了?
我们该怎么做才对?

Part 1

培养思考力的三大工具

该如何解决没有标准答案的问题？

我们在学校里学习的东西可不少，光是中小学的义务教育就是九年，而且是集中学习的九年。仔细想想就会发现，这学习量非同小可。若继续进入高中、大学，又是七年的教育，所学的知识量更是庞大。在这期间，虽然也学到了不少走上社会后的必备知识，❶但社会毕竟是讲究实用的，一旦走上社会，我们往往会感到学校所学的知识无法直接派上用场。

走上社会后，我们要面临许多问题。其中，很多是教科书上没有的问题，而且也不像学校考试那样，有预先准备好的标准答案。

踏出校园走上社会后，眼前就是四十年以上的漫长人生路。面对在这条路上遭遇的种种问题，唯有正

---

❶ 老实说，我曾怀疑某些学科知识在进入社会后是否用得上，也曾疑惑为何高中要教那些跟不上时代的古文。我仍记得，当年自己多么不想读那些东西，只为了及格而临时抱佛脚。直到之后我到世界各地工作，才惊觉当初在那么讨厌的古文中学到的知识与价值观，竟会在与国际高层主管的对话中派上用场。所谓古文，就是历久不衰而传诵至今的文章。更别说选录于教科书上的文章，真是字字珠玑了。所以我走上社会后，一直后悔当初没有好好读书。

视并设法解决，唯此而已。❶

> **想一想**
>
> 以下项目，哪些是你觉得有必要的呢？请打 ✓
>
> ☐ 解决教科书上没有的问题
> ☐ 扎实的思考能力
> ☐ 清楚剖析问题、解决问题
> ☐ 彻底解决两难局面，抛开烦恼
> ☐ 与大家同心协力，一起做完事情
> ☐ 站在对方的立场思考

---

❶ 当然，也可以暂时把问题先搁置起来，但这并不代表问题就此解决。问题会一直存在，甚至有可能因搁置而越来越严重。如此下去，问题总会爆发出来。有时候，以悲惨的形式爆发出来的情形也不在少数。

大家可以发现，这里列举出的各项"能力"，对将来要走上社会的孩子们而言当然十分重要，而对大人来说则更重要。

虽然重要，但知易行难，若我们长期处于明知重要而做不到的状态，恐怕只会不断累积心理压力。

很明显地，"是否知道其重要性"和"做不做得到"是两回事。也许有些人认为，只要"知道是重要的"就应该"做得到"，这种说法从逻辑上来说似乎就站不住脚。一个人即使完全了解某件事的重要性，仍有可能因某些因素而无法做好这件事。这时，周围的人若继续施加压力，觉得当事人一定能"做好"，就会造成他更大的心理负担。当事人若能因此奋发向上，努力"做好"，当然可喜可贺，但万一无法"做好"的状态一直持续，压力就会如雪球般越滚越大，尤其是自己越了解其重要性时，承受的压力就越重。

现实状况杂乱无章，尽是复杂又难解的事，就算想解决问题，解决方法却是一团乱麻。若长期处于这种状态，就会让人感到前途一片灰暗。

"当初若是这么做就好了……"

"接下来要怎么办才好呢?"

别说兔子和蠡斯了,我们不也经常思考这些问题吗?

压力

三大思考工具

杂乱无章的现实状况、一团乱麻的解决方法、一片灰暗的前途，都能靠三种简单好用的"培养思考力的工具"一举消除。它就是"分支图"、"疑云图"和"远大目标图"。这三个工具使用起来都非常简单，而且越使用，思考会变得越有趣。

"分支图"是将杂乱无章的事务变得一目了然的整顿工具。

"疑云图"是将两难局面的问题加以整理归纳，解决混乱问题的解决工具。

"远大目标图"是向灰暗前途说再见，找出目标实现途径的实现工具。

第4页的表中打"√"的项目越多，这三种工具越能为你带来丰富的收获。

话说，兔子和螽斯当初该怎么做？今后又该怎么办才好？就让我们一面思考，一面学着如何使用"培养思考力的三大工具"吧！

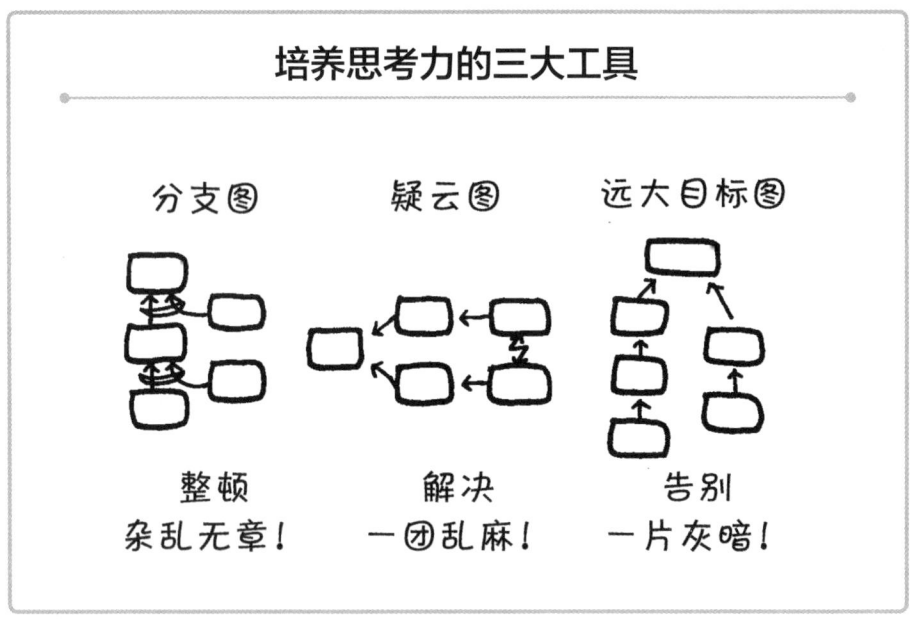

Part 2

整顿杂乱无章
——分支图

- 培养逻辑思考力。
- 能将事务归纳得一目了然。
- 能明白事物的道理。
- 养成找出"为什么"的能力。
- 事先思考自己的行为会造成什么结果。
- 预测可能发生的不良现象；并事先思考避免的方法。
- 养成对自己的行为负责的态度。
- 能从失败中学习。
- 养成颠覆性的创意思考；打破墨守成规的观念。

明白相互关系，理清杂乱无章

请先看下面的图，图A和图B哪一个看起来比较杂乱无章？从直觉来看，图B是否比较杂乱无章呢？

现在请换一个方式来看，注意图中箭头的连接。若将箭头看作是"连接各个圆，说明相互关系"的标记，感觉是否不同了？因为图A没有箭头的连接，所以看不出每个圆之间的关联。反之，图B则能看出最下方的圆会影响其他所有的圆。只要了解个中关联，杂乱无章的图B就能一一理清了。

哪一个看起来比较杂乱无章？

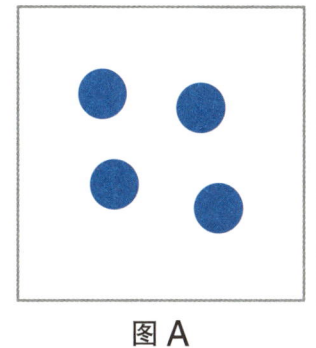
图A

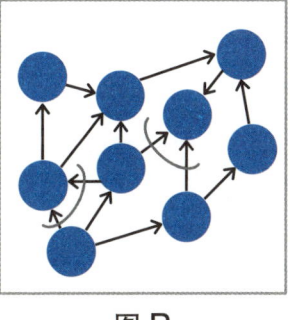
图B

什么是逻辑思考？

通过第11页的图可知，即使乍看之下杂乱无章，只要了解相互关系就能变得一目了然。这种重视"相互关系"的思考方式❶，正是逻辑❷思考。

当我们思考事物的"相互关系"时，究竟该从何处切入呢？这时，因果关系十分好用。

所谓因果关系，就是"先有原因，后有结果"的关系。说破了，就只是一种理所当然的现象。标示因果关系的图示十分简单，就像第13页图的箭头。

---

❶ 当事物看起来很复杂时，我们会尽量将它分解成一个个简单的元素来思考。但是把每个元素独立出来后，常常又会让我们看不清元素与整体间的关联性。不重视事物的相互关系，就等于不重视逻辑上的前后连接。这会妨碍我们对整体问题的理解，以致会拖延解决问题的时间。
为什么人们喜欢将事物分解成一项项元素来思考？据高德拉特博士的研究，这是来自人类具有"恐惧"的天性，他说："对复杂感到恐惧时，人们会试图把复杂的系统拆解成子系统，但这会让经营者一味地追求局部优化而忘了整体目标。"

❷ "逻辑"一词在字典上的解释为"利用比喻的方式，叙述事物在法则上的相互关系"。对一件看似复杂的事物，与其"拆解"成元素来思考，不如思考各个部分的"相互关系"，这才是逻辑思考。顺带一提，我喜欢"关联"更胜于"拆解"。

如下图所示，通过原因与结果的关联性，思考事物的"相互关系"即所谓的逻辑思考。

如果仔细思考，其实不难发现，面对语文、数学、自然、社会、物理、化学、历史、英语等学科时，只要有逻辑思考力，学习能力也能跟着大幅提升❶。

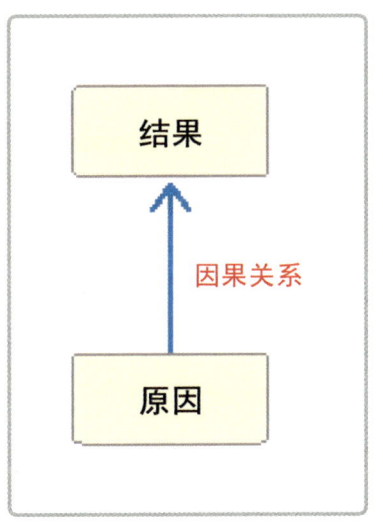

---

❶ 全球有许多学生，在使用本书所介绍的三大工具后提升了学习能力，并在短时间内解除了被留级的危机。日本也有这种成功的案例。当事人就读高中时，在快被留级之际，不仅将成绩提升至平均水平，最后还实现了当演员的梦想。

培养逻辑思考力的『分支图』

"分支图",就是一种在使用因果关系的同时,也能培养逻辑思考力的工具。

分支图的使用方法简单,绘图时只需三个对象——"方框""箭头"和"香蕉"❶。以下分别介绍每个对象的功用。

· "方框":填入现象。用来标明原因或结果的内容❷。

· "箭头":用来表示原因与结果在逻辑上的相互关系。

· "香蕉":用来表示合并复数现象时,会产生下一个现象的状态。

---

❶ 很明显地,"香蕉"这个名字取自其形状,原本是高德拉特博士对这个记号的昵称。

❷ 方框中不能有"假如""且"等词,否则无法检查逻辑是否通顺。当方框中出现"假如""且"等词时,请把句子分段放入不同的方框中,以便之后进行逻辑上的检查。

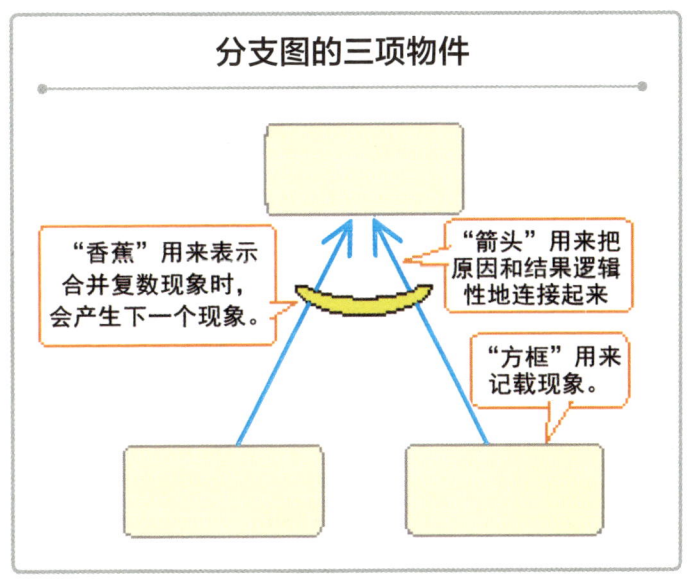

分支图的念法要由下至上。因为念法可以检验逻辑，所以十分重要。念出方框A之前，先加上"假如"，连接用的箭头念作"则"，最后再念出箭头彼端的方框B。比方说，第16页上图的念法就是："假如A，则B。"

当两个以上的现象发生才会产生下一个现象时，就要用"香蕉"作为连接，这时香蕉读作"且"。比方说，第16页下图的念法就是："假如A，且假如B，则C。"

如此而已。接下来，就让我们练习利用这三种对象，来提升逻辑思考力吧。

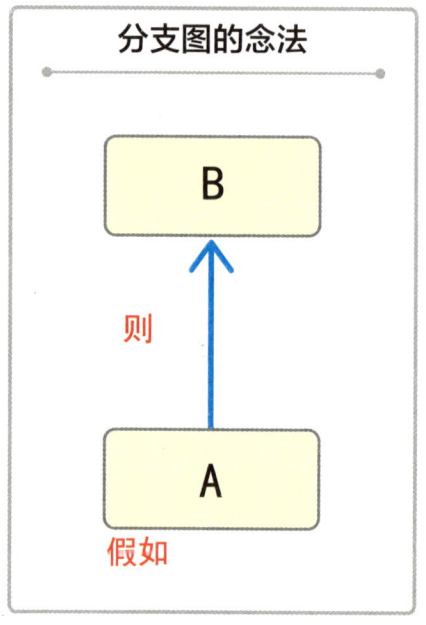

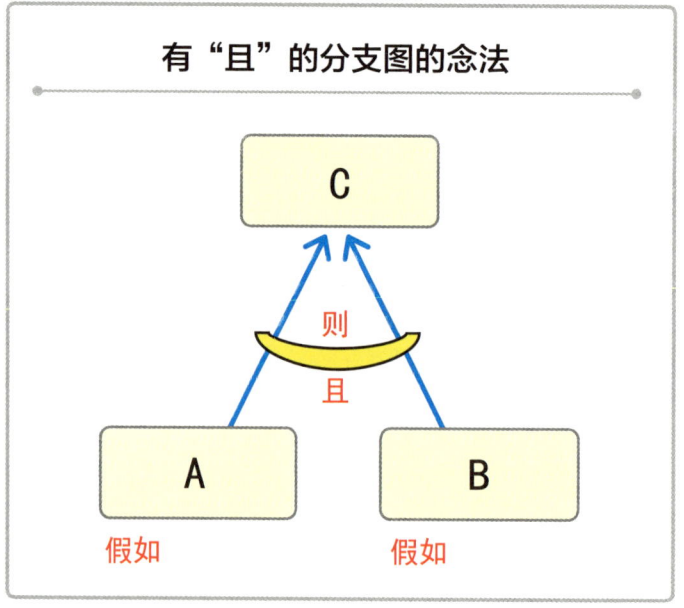

利用分支图思考『为什么』

现在让我们以分支图，用因果关系来想一想"为何蟲斯到了冬天没东西可吃"。

试着念念看："假如'蟲斯夏天都在玩耍'，则'冬天一到就没东西可吃'。"你会发现其间的逻辑怪怪的，好像少了什么东西。

就算蟲斯夏天都在玩耍，也不一定冬天一到就没东西可吃。此时我们就要思考：为何蟲斯夏天都在玩耍，冬天一到就会没东西可吃？

思考后就会发现，因为"冬天找不到食物"。换

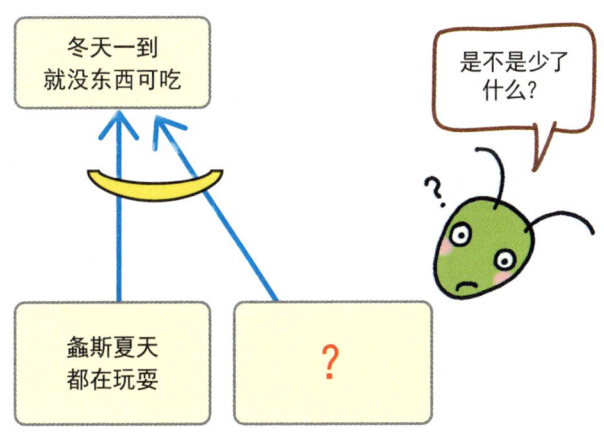

言之，"冬天一到就没东西可吃"是"螽斯夏天都在玩耍"和"冬天找不到食物"这两个原因合并后的结果。

这时就再念念看，确认是否合乎逻辑。

假如"螽斯夏天都在玩耍"，且假如"冬天找不到食物"，则"冬天一到就没东西可吃"。

像这样念出来，可以确认逻辑的合理性[1]。

从下图来看，我们还能发现：原因之一的"螽斯夏天都在玩耍"是来自螽斯的行动，但另一个原因

[1] 念法要由下至上，才能充分检查条件的逻辑性。检查逻辑时，念出来或与他人一同检查有没有不协调感，可得到更准确的经实践检验的逻辑。高德拉特博士也常在生活中使用这个方法，在此向各位读者大力推荐。

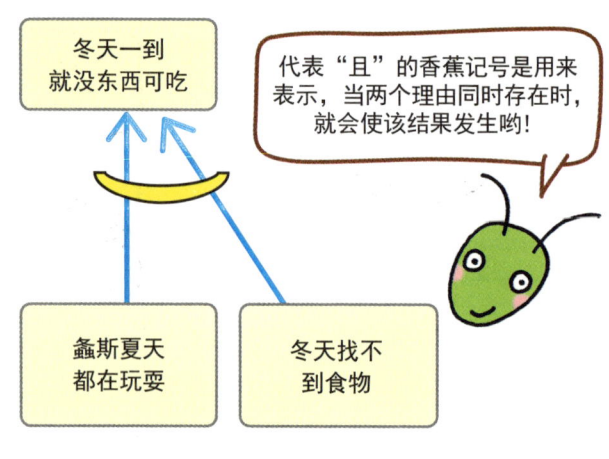

"冬天找不到食物"则是由外在环境引起的，与螽斯的行动无关。换言之，若只有螽斯的行动这项原因，并不会引起"冬天一到就没东西可吃"的事态。

换句话说，只要事先知道"冬天找不到食物"，说不定螽斯就会改变当初的行动。

使用分支图时，我们可以如下图所示，用逻辑性的思考找出"进行A就会造成B"的理由。

做法十分简单，只要提出一个问题：

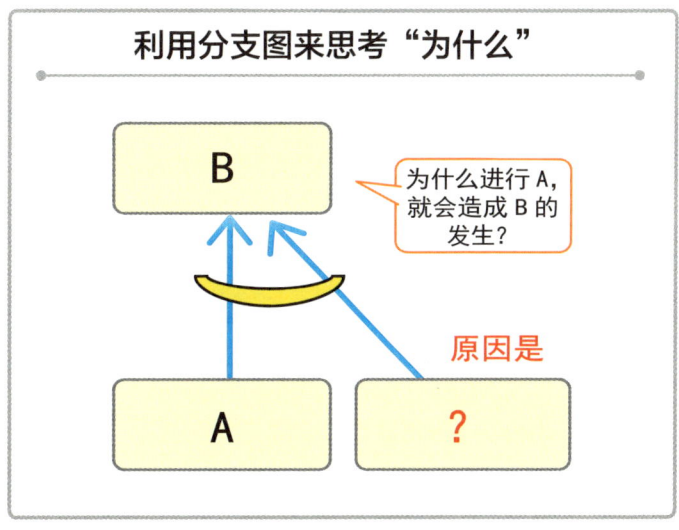

"为何进行A就会造成B？"

这么简单的一个问题，就能促使我们思考事物发生的原因。

其实，这是世界上研究自然科学领域中普遍使用的思考方式。"苹果离开树木"及"苹果掉落地面"的关系为何，其最知名的思考逻辑来自牛顿有名的轶事[1]。一般人看到苹果掉落地面都会觉得理所当然，但牛顿深入思考"为什么"，进而发现"万有引力定律"。这项创举在一般人眼中，可就不是理所当然了。

---

[1] 据说，这是杜撰出来的故事。没有其他故事像这个故事一样强调：面对看似理所当然的事物也要抱着怀疑的态度。正因为如此，这个故事才能历久不衰，我相信未来也会继续流传下去。

比起肉眼能观察到的现象，说明引发现象的原理具有更重大的意义。因为只要知道该原理，就能有效地广泛应用，进而帮助许多人。正因我们持续不断地阐明各个领域的原理，人类的科技才有今日的进步。

本书介绍的"思考力"训练法，由高德拉特博士开发。他认为，思考绝不仅限于自然科学及发生在社会中的各种现象，也能通过这种逻辑性的思考方式找出背后的原因。

运用逻辑思考预测未来

分支图可以让我们有逻辑地思考接下来可能发生什么事。方法很简单，只要提出以下这个问题：

"接下来可能发生什么事？"

以螽斯为例，我们想一想，如果冬天一到就没东西可吃，螽斯将会发生什么事？把"冬天一到就没东西可吃"的现象，从结果变成原因，就能凭此推测接下来可能发生的事。

螽斯会饿死！或许有些人会这么想，或许有些人会有不同的答案。

像这样有逻辑地整理现状，只要思考"接下来可能发生什么事"，即便事情尚未发生，也能把现状视为原因，有逻辑地预测未来可能发生的事。

想一想：冬天一到蟲斯就没东西可吃了
你觉得接下来会发生什么事呢？

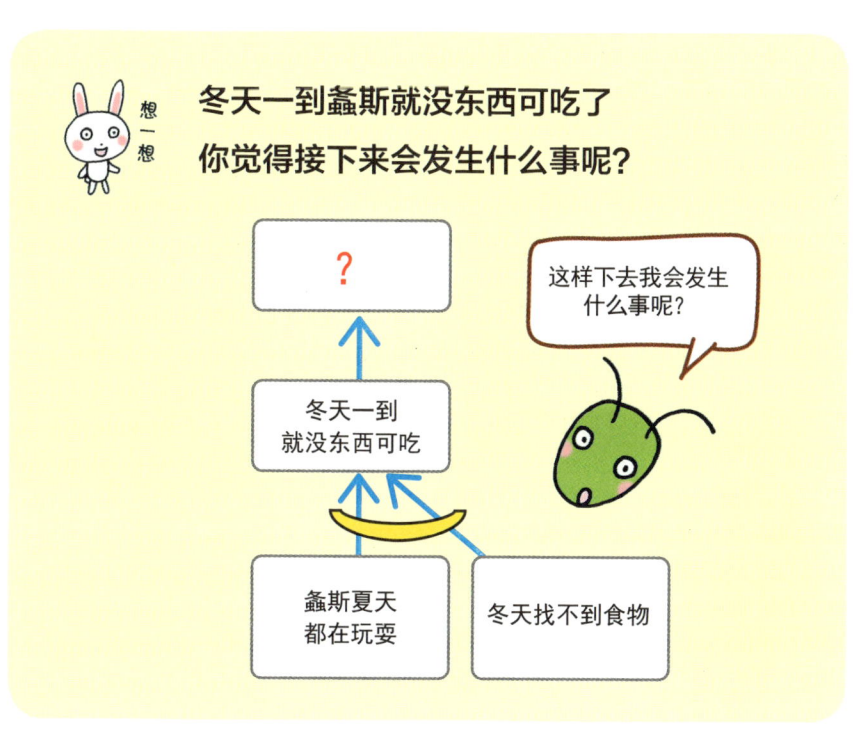

和他人一起思考时的要诀

和别人一起练习前面学过的方法时，我希望大家特别注意一点，那就是不要提供答案给对方。因为对方不一定觉得你的答案有理。让对方思考出自己的答案，对方才能心服，才会想靠自己的双手事先阻止与答案不一样的结果发生[1]。你若重视思考，就不该把答案告诉对方，因为这么做是在剥夺对方思考的机会[2]。

若对方说出意料之外的答案，也不必感到惊讶。意料之外的答案背后，一定有其理由。你可以询问对方："你为什么这样想？"进而了解背后的理由。这个理由就是原因，造成的结果就是意料之外的答案。其

---

[1] 若被人命令："还不整理房间！"你会想整理吗？或许只会让人想起小时候叛逆的自己。但如果对方说："再这样放着乱下去，会变成什么样子呢？"或许就会让人觉得该是整理的时候了。

[2] 高德拉特博士在每次提问之后都会沉默60秒以上，他很重视给对方思考的时间。其实，跟博士在沉默中面面相觑时，压力可不小。"非得想出什么才行！"我曾因此绞尽脑汁且弄得汗如雨下。

实，对方的理由往往能说服我们接受那个答案。在这样的过程中，你将会越来越了解对方的想法，你们之间的沟通也会变得越来越畅通无阻。

以图表示出自己的想法，不但能为自己整理思路，还经常能从中察觉到新的体悟。更重要的是，图示能让他人一起加入思考。集合众人的讨论，能让你得到他人的建议，为自己激荡出更棒的灵感❶。

---

❶ 正所谓"三个臭皮匠，赛过诸葛亮"。一边思考一边听取从各个角度提出的各种意见，往往能擦出更多灵感的火花。

用分支图避开危难

既然知道这样下去螽斯可能会饿死,那就趁现在提出对策,防患于未然。对策必须在"饿死"之前执行才有意义。所以我们要来想一想,危难是从何处开始发生的。

从下图可知,"冬天一到就没东西可吃"是引发"饿死"的原因。既然如此,就只需在实际发生这个原因前想出因应对策。

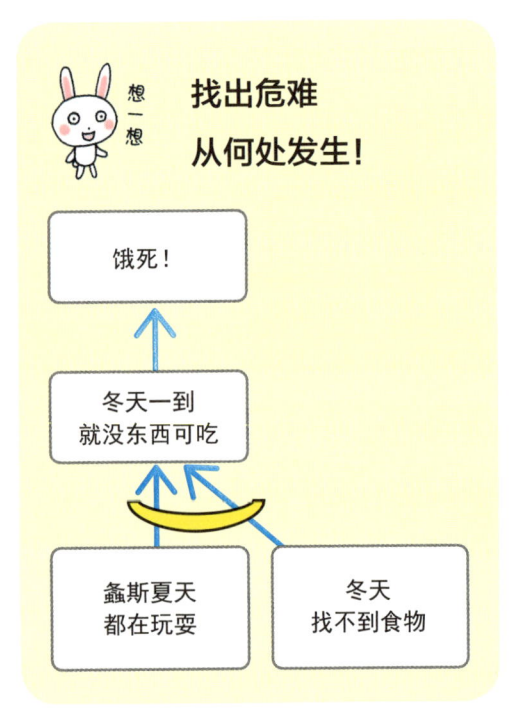

 **若要预防"冬天一到就没东西可吃"的事态发生,螽斯该怎么做呢?**

仔细想一想,既然"冬天找不到食物",那么夏天的情况如何呢?如果"夏天可以找到大量的食物",是否花点时间工作,就能"趁夏天将食物储存起来"?这么一来,"到了冬天也有东西可吃",就"能活过冬天"了。用分支图表示如下。如此一来螽斯就不会饿死了,真是可喜可贺!

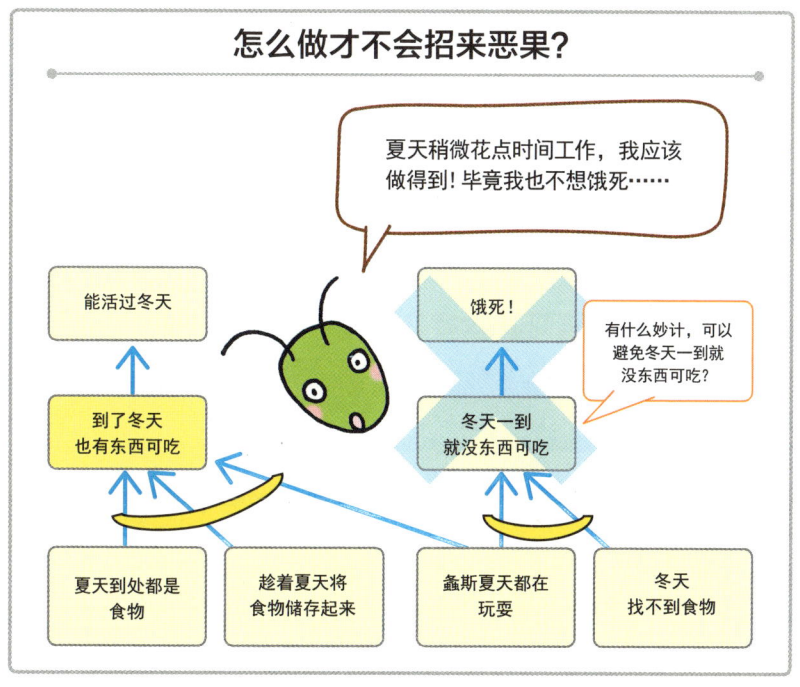

"不想跟妈妈分开"四岁幼童绘制的分支图

即使是四岁的幼童，也能画出分支图。第29页的分支图，就是一名四岁幼童因不愿意被母亲送到幼儿园而大哭大闹，随后在母亲的陪同下一起画出的作品。

母亲如果一直陪着孩子待在幼儿园里，就意味着她无法去工作。

这时，母亲问孩子："要是妈妈不工作，会发生什么事？"孩子自己思考出的答案是："会没有钱。"

接着问孩子："要是没有钱，会发生什么事？"孩子回答："没办法买吃的。"

再问道："要是没办法买吃的，会发生什么事？"孩子回答："没东西吃。"

再问道："要是没东西吃，会发生什么事？"孩子回答："会饿死。"就这样，孩子自己想出了答案。

最后，母亲又问："那你觉得我们该怎么办？"这时，孩子已经知道，只有妈妈去工作，才会有饭吃。

他懂事地对母亲说："因为妈妈工作，我才有饭吃，谢谢妈妈。"从此也不再大哭大闹了。

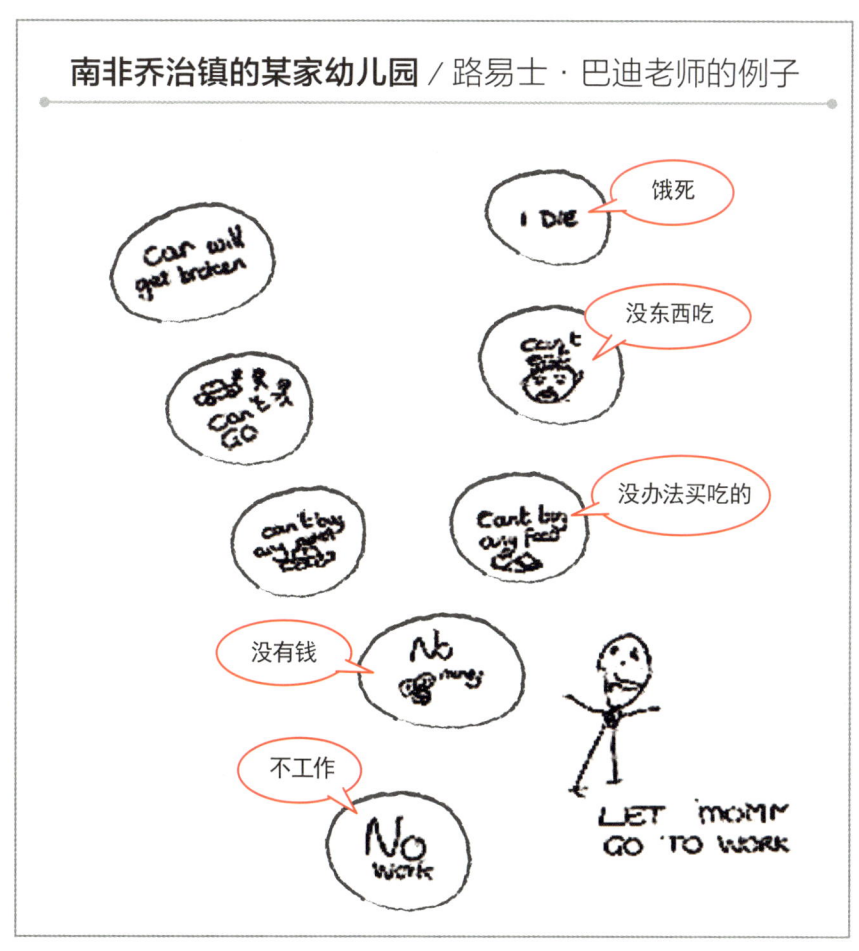

南非乔治镇的某家幼儿园／路易士·巴迪老师的例子

练习题 想一想，「不写作业」会发生什么事？

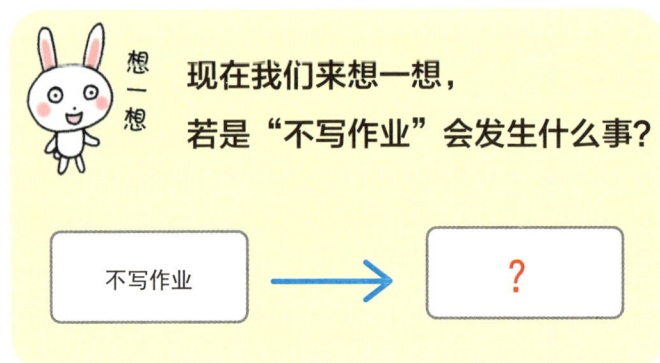

换个更切身的例子来思考：要是不写作业，会发生什么事呢？你可以自己一个人练习画出分支图，也可以和孩子们一起思考。关键在于让自己思考，以及让对方自行思考。

若想思考大人的问题，不妨将主题换成"只考虑眼前的事""只考虑自己工作职场的效率"或"顾虑太多，什么事都做不了"❶等，说不定你会从中得到

---

❶ 这些都是职场中常见的问题，TOC（Theory of Constraints，制约理论）已为这些问题找出了各式各样的解决方案。详情请参考拙著《问题不能拆开来看！》。
我曾为日本《朝日新闻》"职场不讲理Q&A"专栏执笔。报社希望我能提出实际派得上用场的解决方案，同时又必须兼顾内容的趣味性。我原本以为职场咨询不是我的拿手强项，但用分支图一思考，我竟也写得津津有味。托读者的福，专栏得到了好口碑，最后集结成《职场不讲理》一书。读者可以依据我的回答，反过来思考我画出的是什么样的分支图，这或许会是一种有趣的阅读方式。

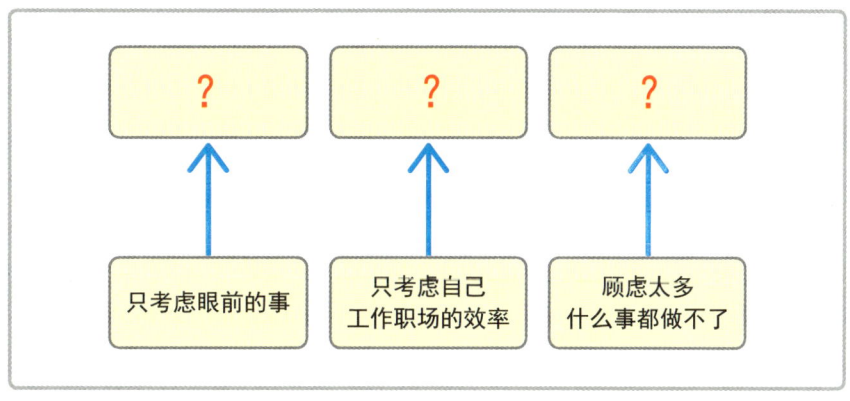

有趣的发现。

令人开心的是,我们收到了一名母亲的来信,她跟她的孩子实际做了这项练习题。孩子思考"不写作业会发生什么事"后,没想到取得了好结果,自己主动对母亲说:"我要写作业。"过去一提到写作业,怎么都叫不动的孩子突然主动说要写作业,这让母亲大感惊讶,但更令母亲惊讶的是,孩子还考出了前所未有的高分❶。母亲对此感到不可思议,她请孩子画出

---

❶ 曾有家长让小朋友绘制分支图,以提升母语的阅读能力。

分支图来分析原因，最后得到的答案是"作业里有考试会出的题目"。后来，母亲询问了学校老师，才知道学校的确会将学生学习的重点放在作业中，因此作业题目出现在考试中的概率很高。

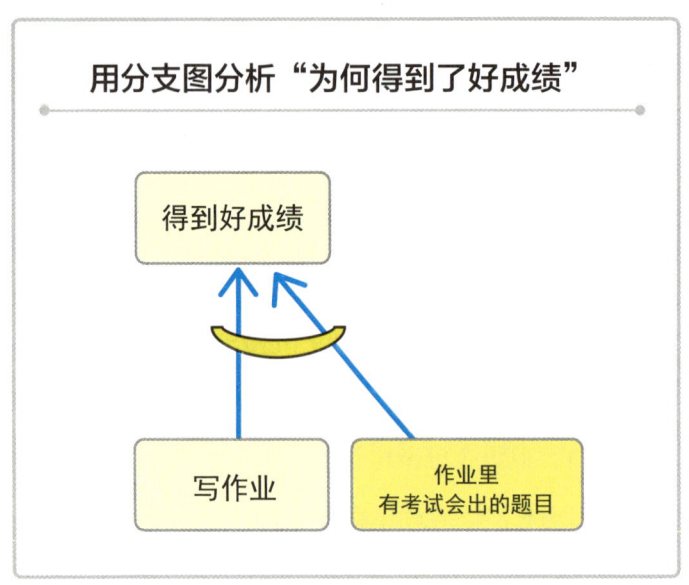

"推理分析"——利用分支图从失败中学习

分支图看似简单，用途却十分广泛，其中一项功能就是从失败中学习。

俗话说，人生不如意事常八九，而这些结果不如预期的事，我们称为"失败"。人失败时难免灰心丧气，这时别人再怎么劝说要从失败中学习，他也很难办到。

但是，利用分支图进行"推理分析❶"，就是一个从失败中学习的好办法。方法简单，只有以下七个步骤：

---

❶ 这套推理分析的步骤是笔者自创，因为简单易实践，所以目前已有不少人学会这套方法，并加以运用。当结果不如预期时，不见得都是坏事，也有可能是超乎预期的好结果，这也是悬案一桩。若能解开个中道理，未来就能让超乎预期的好结果不断发生。推理分析用在结果超乎预期的事项上，效果更是不同凡响。

- 步骤一　确认问题是什么
- 步骤二　确认原本的想法是什么
- 步骤三　确认自己做了什么
- 步骤四　确认实际上发生了什么
- 步骤五　思考结果不如预期的原因是什么
- 步骤六　思考排除原因的解决方案
- 步骤七　思考解决方案会让情况产生什么样的改变

我们就利用这七个步骤来想想看如何解决兔子跑输比赛的案例吧。

步骤一

确认问题是什么

擅长跑步的兔子会输给慢吞吞的乌龟,实在叫人难以置信。很明显地,这就是问题所在。

兔子跑步输给了乌龟!

步骤二

确认原本的想法是什么

确认自己原本觉得应该会发生什么事。毫无疑问地，自己一定觉得兔子可以轻松跑赢乌龟。

步骤三

确认自己做了什么

至于自己做了什么，那就是让兔子和乌龟赛跑。

将步骤二和步骤三画成分支图，如下图所示。这里的重点是，<u>要先确认原本的想法是什么</u>。当我们面对不如预期的事时，往往想立刻找出解决的方案，<u>但若不先确定目的、确认自己原本打算做什么，就无法针对问题进行分析</u>。

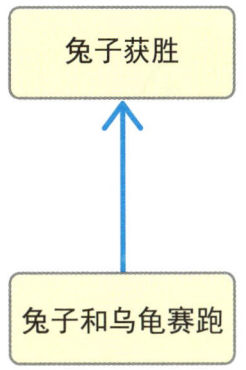

步骤四

确认实际上发生了什么

当初预期的明明是"兔子获胜",实际结果却是"乌龟获胜"。我们要把这件事画入分支图中。兔子和乌龟赛跑,兔子当然会赢。然而,事事不一定能尽如人意。这个步骤的关键,就是要认清现实中发生了什么事。

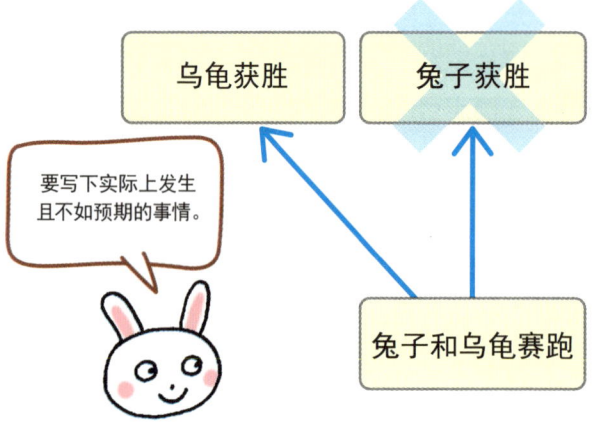

> 步骤五

思考结果不如预期的原因是什么

此时我们要思考,为何兔子明明能赢,结果却变成"乌龟获胜"。再多懊悔也无法改变已发生的事。俗话说,事出必有因。不如预期的事之所以发生,也一定有其原因❶。而思考原因,就是这个步骤的重点。

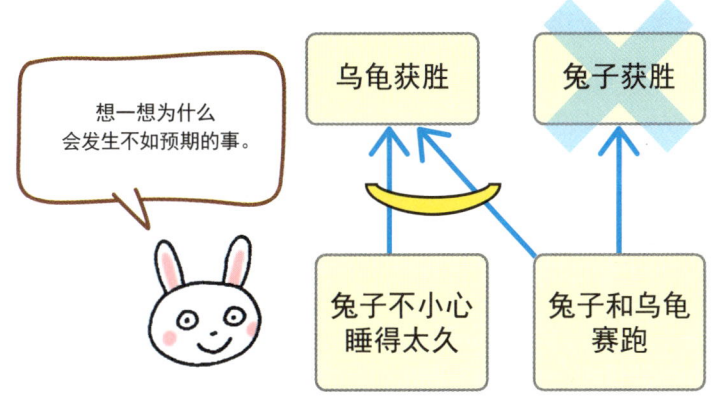

---

❶ 当结果不如预期时,原因往往过于理所当然且难以察觉。高德拉特博士将这种像空气般理所当然的现象,取名为"空气般的存在"(Air Entity)。

37

◆ 步骤六

思考针对原因的解决方案

如果得到的原因是"兔子不小心睡得太久",就要思考针对这个原因的解决方案。这个步骤中的关键是,不要去想结果,只要专注思考如何找出原因。<u>原因找出了,自然就会思考针对产生不理想结果的解决方案</u>。所以必须全神贯注于找出原因的方法上。

◆ 步骤七

思考解决方案会让情况产生什么样的改变

兔子想到的解决方案是"先设好闹钟再睡"。用这

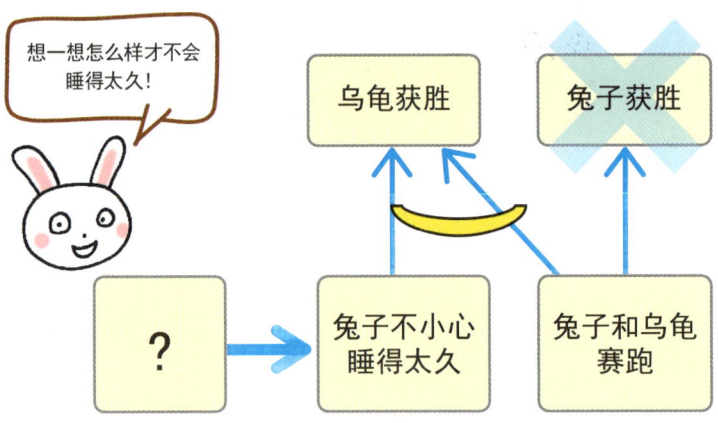

个方法排除"兔子不小心睡得太久",确实颇为可行。只不过,出门不见得都会把闹钟带在身上,闹钟响了也有可能继续睡,有时还会遇到闹钟出现故障的状况。

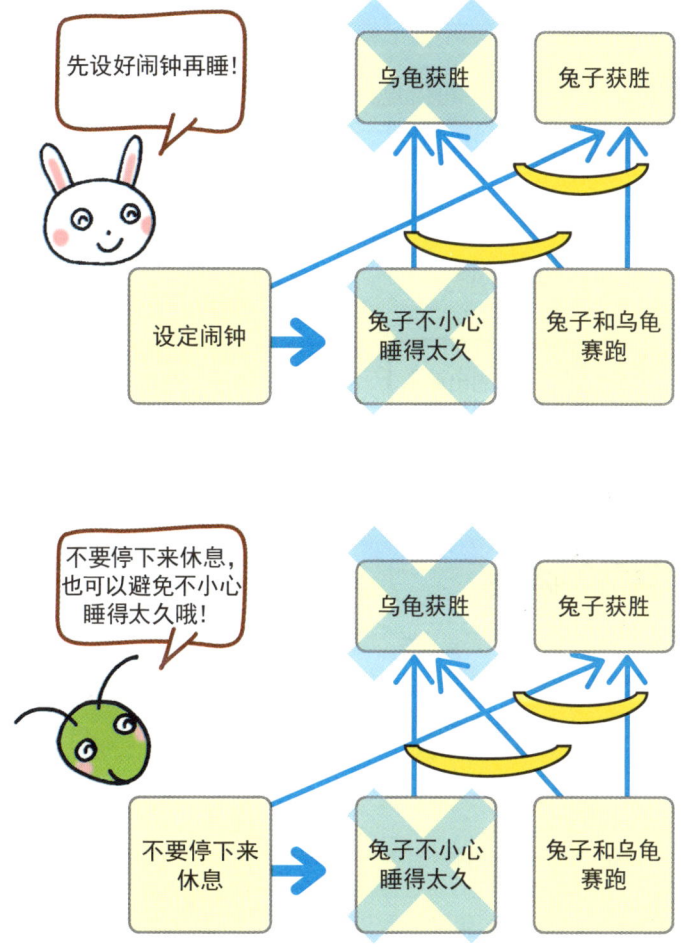

螽斯想到的解决方案是"不要停下来休息"。这么一来，的确不可能发生"不小心睡得太久"的状况。只是，即使知道这样的解决方案仍有可能因一时大意而停下来休息。

这里的重点在于，不要一个人埋头苦思，要听听他人意见。利用分支图将问题图像化，就能让大家一起针对问题进行有逻辑地讨论。这么好用的方法，怎能不用？希望大家可以汇聚众人的力量，一起思考有没有更好的对策❶。

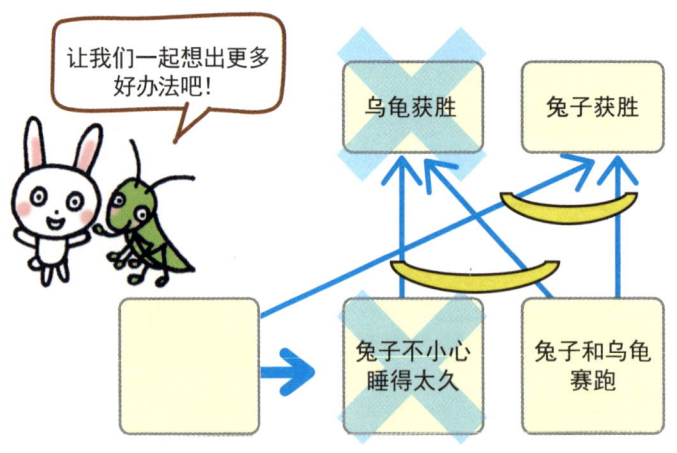

---

❶ 比方说，"到了终点再休息""前一天先睡足""请别人叫醒自己"等，想得到的对策五花八门。各位不妨也尽情发挥想象，思考看看。

进行推理分析时的简单提问

进行推理分析时，可先在一旁标注以下七个"提问"，再开始分析。

提问一：问题是什么？

提问二：原本希望什么事发生？

提问三：自己做了什么事来促使那件事发生？

提问四：实际上发生了什么事？

提问五：导致结果不如预期的原因是什么？

提问六：有没有什么好的解决方案能解决这个原因？

提问七：执行这项解决方案后，是否有可能让期待的结果发生？

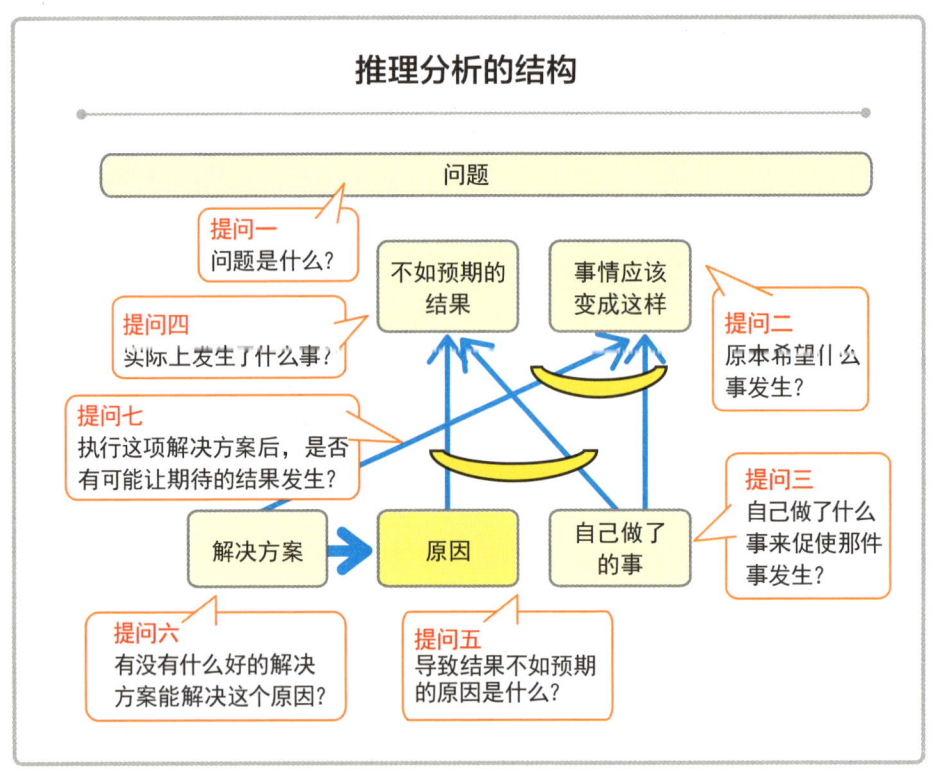

将推理分析运用在科学实验中的实验学习法

推理分析可运用在科学实验的观察上。在日本小学的自然科学课程中有一项实验：一般来说，只要"划火柴"就能"点着火"。但此实验故意在容器中加入二氧化碳以取代空气，让火柴在容器中"点不着火"。为了思考为何划了火柴却点不着火，可画出分支图如下。接着，老师可以告诉学生，气体中若没有氧气就无法点着火。

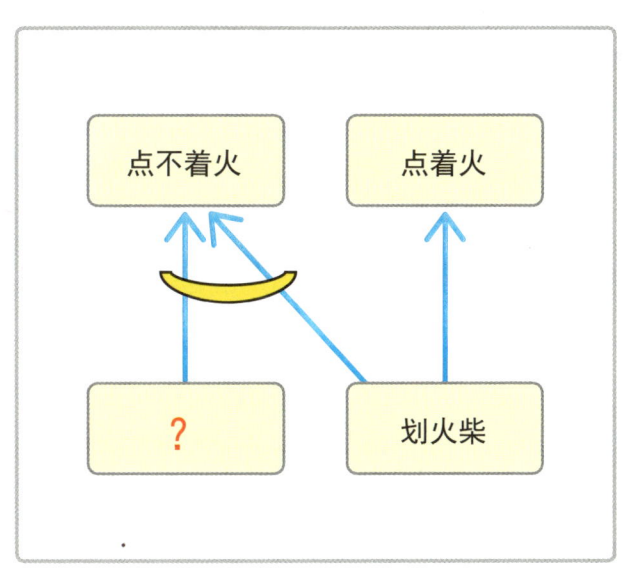

然后，让学生确认容器中加入氧气后，会产生什么结果。当学生看到火焰熊熊燃起时，自然会留下深刻的印象。这时可画出如下分支图。分支图能将原因与结果整理成一目了然的图形，非常适合当作实验学习法❶，用于实验的观察与讨论上。

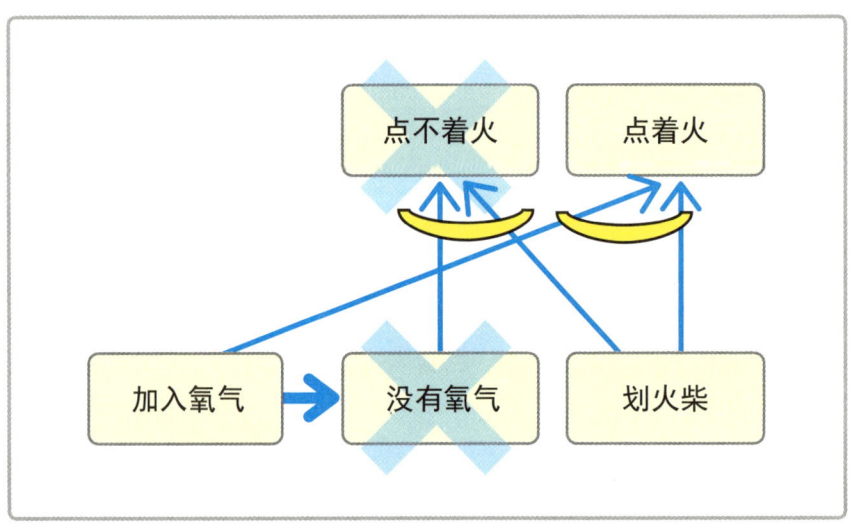

---

❶ 这套推理分析不仅止于小学的自然课实验中，在新药开发等尖端研究开发领域，也因这套分析而做出卓越的贡献。当今各个领域的研究开发，经常是在研究团队或组织合作下进行。这样的开发环境，正好适合使用推理分析，让大家通过图表，验证实验内容，共享经验成果。
笔者为了向"实验设计法"（Design of Experiments）致敬，将这个方法取名为"实验学习法"（Study of Experiments），期盼能为更多的研究开发做出贡献。

人乐于从失败中学习

　　电玩游戏风靡全球，但游戏若是太简单，谁都能轻松过关，就没有趣味可言了。反而是无法轻易过关、必须尝试各种方法才能慢慢掌握过关诀窍的游戏，才能让人乐在其中。随着游戏的难度逐渐提高，玩家必须一次又一次地经受失败的考验。在发现过关技巧时，他们会加倍开心，也会欲罢不能地挑战下一个关卡。我们不将这种失败称为犯错，那是为了"了解"为何游戏无法顺利进行而暂时性地试错，我们也因此乐在其中。电玩游戏可以说是一组从失败中学习的过程❶，而这正是它的迷人之处。

　　失败只是一个结果。比起失败这个表面上的结果，正视失败的原因并找出解决方案的过程，更能让我们乐在其中。从这个角度来思考，或许你会发现，<u>从失败中学习的过程，其实是令人乐在其中的。</u>

---

❶ 电玩游戏是我们花费金钱去享受从失败中学习的过程。如此说来，工作也是从失败中学习的过程，此外还可以获取金钱。我们更应该乐在其中，不是吗？

「科学家精神」的四个信念

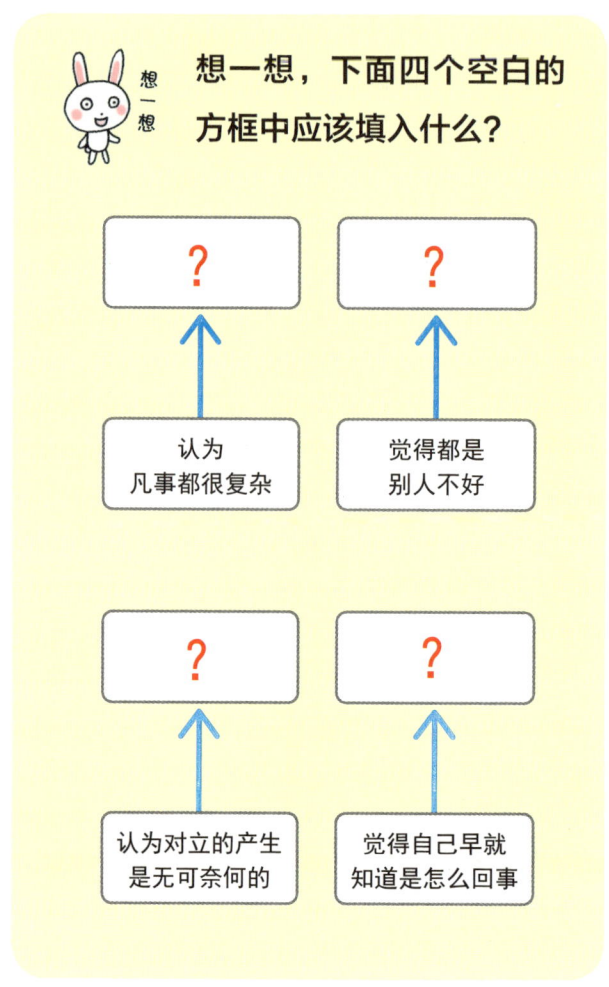

若是"认为凡事都很复杂",会发生什么事?

若是"觉得都是别人不好",会发生什么事?

若是"认为对立的产生是无可奈何的",会发生什么事？

若是"觉得自己早就知道是怎么回事"了，会发生什么事？

大家一定一眼就能看明白，这四件事恐怕都不会带来什么好结果。

其实，以上四个问题是来自高德拉特博士举出的四项思考上的障碍，这些障碍会妨碍我们使用与生俱来的思考力。

· 认为凡事都很复杂
· 觉得都是别人不好
· 认为对立的产生是无可奈何的
· 觉得自己早就知道是怎么回事了

若是"认为凡事都很复杂"，就很难发现藏在事物中的本质。科学家无论遇到再难解的现象，都会认为"凡事都是单纯的"，进而找出法则。这不愧是身为物理学家的高德拉特博士会有的想法。

若是"觉得都是别人不好",问题解决得了吗?大家仔细思考就会发现,把过错怪到别人身上是解决不了任何问题的。当他人做出令你百思不得其解的行为时,你应该本着"人性本善"的想法,思考其背后的原因。当发现对方抱有先入为主的偏见时,你只要将偏见加以导正,对方的行为也会跟着改变。对方不是应该受到谴责的人,而是其错误的偏见❶需要被改变。这就是高德拉特博士的主张。

若是"认为对立的产生是无可奈何的",人们就会选择忽视或立场摇摆不定,为了妥协而在这两者间犹豫,这反而会累积更大的压力。但是,科学家就不一样了。他们认为"永远可以制造双赢",而对立的概念恰好能帮助我们找出突破方法。这个突破方法就

---

❶ 把过错都推到别人身上,解决不了问题。但若把过错都揽在自己身上,又太沉重。因为把过错揽在自己身上,就像是在否定自己。那到底该怪谁不好呢?我们不如把过错怪在错误的偏见上。在科学实验中,当结果不如预期时,很少有人责怪实验结果。一般人会做的都是,检验自己是否带有错误的偏见。对于日常生活中的事,其实也可以用科学家精神来面对。详情请参照本书结尾的"专栏三"。

是科学上所谓的发明。

若是"觉得自己早就知道是怎么回事",就会使我们停止学习。换个角度来说,"觉得自己早就知道是怎么回事"代表你已知道某些事,这样的想法本身并非坏事。但若因此而让你停下学习的脚步,可能就不是好事了。既然如此,你不妨以"绝不说自己早就知道"的态度,将过去知道的一切当作基础,作为继续向上的助力,这样势必能让你迈向更高的层次。

- 凡事都是单纯的
- 人性本善
- 永远可以制造双赢
- 绝不说自己早就知道了

高德拉特博士常说:"要保持科学家精神。"这四项信念对科学家来说,并非崭新的观念,但高德拉特博士认为,只要随时保持这四个信念,就能从万事万物中学习,进而过着充实的人生[1]。

---

[1] 《选择》的第十八章提到了高德拉特博士的人生哲学。此书被视为高德拉特博士人生中最重要的一本书,十分值得一读。

四个检视项目，检验逻辑思考是否确实

前面我们利用了分支图来连接各种现象，但要检验逻辑思考是否确实，并不是一件简单的事。有时是叙述模糊暧昧、有时是搞不清楚是否真实、有时前后连接支离破碎、有时明明有其他原因却因过于武断而未察觉……这些都是平日经常碰到的状况。

因此，本节提出几项简单的方法，方便大家通过检验评估来排除妨碍逻辑思考的障碍。项目[1]如下：

· 叙述是否模糊暧昧

· 叙述是否真实

· 因果关系是否成立

· 有没有其他原因

---

[1] 制约理论的教育对象不限大人或小孩，为了让任何人都能简单上手，传授的内容尽量简化至最小限度。因此，本书只介绍四个项目。这种"思考过程"的逻辑检验方法，原本共有七类检视要项，称为"逻辑验证分类"。详情敬请参考拙著《问题不能拆开来看！》。

叙述是否模糊暧昧

如下图所示，方框里的叙述若是模糊暧昧、令人难以理解，就会使彼此的理解产生差异。这种情况下，即使是在这种基础上进行讨论，恐怕也会变得牛头不对马嘴。为了防止这种现象，方框中的用字遣词要明确，让任何人都能一目了然是首要重点。比方说，方框中写的是"夏天都在玩耍"，就要检查这样的叙述是不是任何人看了都不会产生误解。实际上，并不是大家夏天都在玩耍，因此，不要省略主语，如果写下"螽斯夏天都在玩耍"，就让大家都能理解，这或许是比较好的办法。

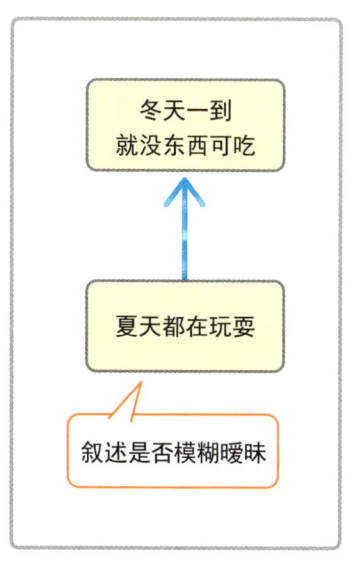

叙述是否真实

再来看方框（如下图）中的叙述是否真实。若方框中的叙述并不真实❶，那再怎么讨论也毫无意义。比方说，检验一下"螽斯夏天都在玩耍"这个叙述是否真实？螽斯应该不是全部的时间都在玩耍，毕竟夏天也要吃东西，至少要稍稍工作一下才能填饱肚子吧？若是如此，就该将叙述改为"螽斯夏天几乎❷都在玩耍"。

这时各位读者应该也察觉到了，当我们对这个现象进行逻辑上的检验时，就会发现"螽斯夏天都在玩耍"只是我们先入为主的想法，螽斯为了填饱肚子，平常一定或多或少在工作。既然螽斯不是真的都在玩耍，而是有一些工作的话，那我们也可以合理推测，

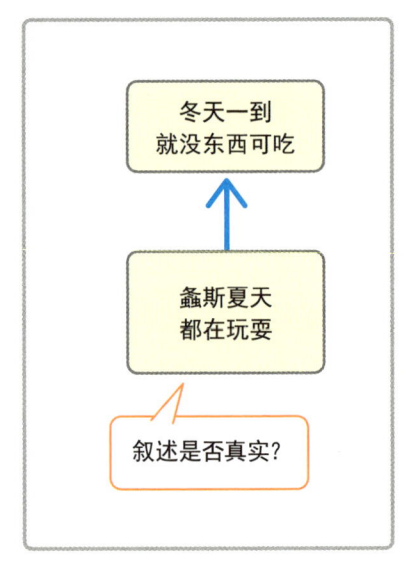

---

❶ 我曾经为了非常想要的玩具（任天堂的"光线枪SP"，是光靠压岁钱买不起的昂贵东西），在央求父母购买时说道："大家都有！"其实那不是真相，只有一小部分的朋友拥有。对不起，我当时撒谎了。

❷ 单单靠着加入"几乎"一词，就能让原本被一口咬定的事，有了进行逻辑思考的空间，进而有机会纠正不合理之处。一口咬定的说法，往往潜藏着先入为主的偏见。许多时候，这会造成思考上的障碍，应特别留意。

螽斯应该也能在食物丰盛的夏天，多为自己储备一点过冬食物。

因果关系是否成立

检查原因与结果的连接是否合理也十分重要。想想看，"螽斯夏天几乎都在玩耍"是不是造成"冬天一到就没东西可吃"的原因。如果眼前需要多少食物就做多少工作，确实有可能造成"冬天一到就没东西可吃"的结果。

有没有其他原因

引发结果的不一定只有一个原因。一个结果的发

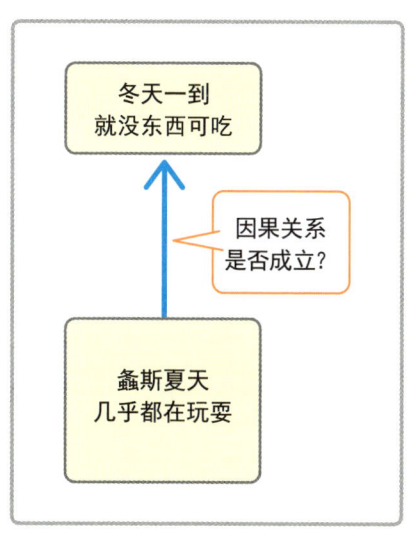

生，有可能是两个以上的原因造成的。"蟊斯夏天几乎都在玩耍"和"冬天一到就没东西可吃"之间，的确存在着因果关系，但并非单一原因就造成"冬天一到就没东西可吃"的状态，而是加上了"冬天找不到食物"这个原因，蟊斯才陷入"冬天一到就没东西可吃"的结果。如前所述，此时我们就会发现，蟊斯或许当初并不知道"冬天找不到食物"这件事。要是知道"冬天找不到食物"，蟊斯也许就会改变行为，趁着夏天食物丰盛时，为自己多储备一些过冬食物❶。

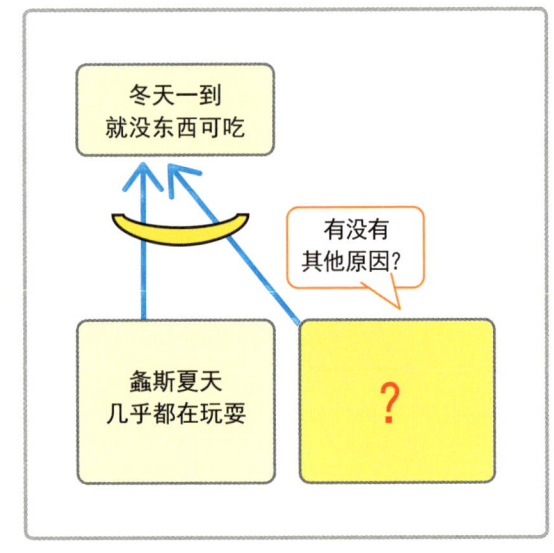

---

❶ 与其命令对方去工作，不如告诉对方非工作不可的理由，对方会比较容易接受。了解理由的人和不了解理由的人，谁比较容易主动采取行动？当然是了解理由的人。所以最重要的是，要让对方了解自己的理由。我相信这也是一种尊重对方的态度。不说明理由而直接下指令，是一种不尊重他人的行为。当我有这层体悟时，才会发现自己该反省的地方还真不少。

四个简单提问,检验逻辑思考是否确实

要利用前述的四个评估项目进行逻辑思考,其实很简单,只需利用以下四个问题:

- 确认说法是否模糊暧昧

"能否清楚明确地传达给每个人?"

- 确认叙述是否真实

"真是如此吗?"

- 确认因果关系是否成立

"A确实是引发B的原因吗?"

- 确认有没有其他原因

"是否有其他原因?"

只要使用这四个提问,就可以征询他人意见,一起进行逻辑检验。各位不妨也试试看。

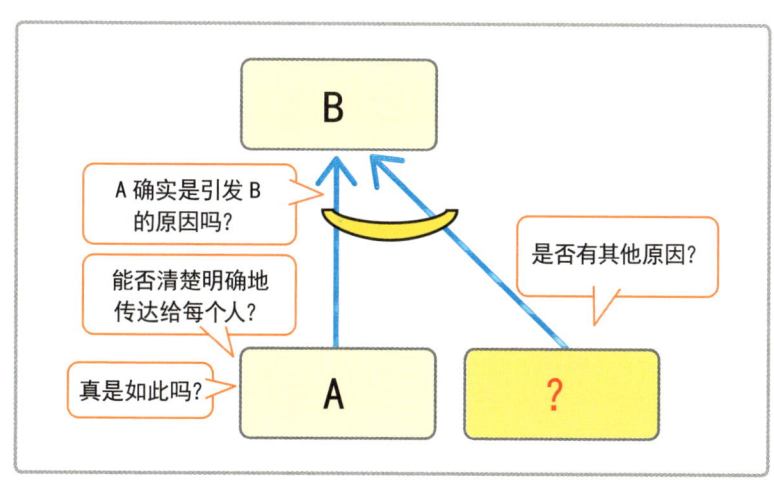

改变前提的创意想象

在本书第27页，我们为了不让螽斯在冬天受困，提出"趁夏天到处都是食物时多花一点时间工作"的想法，但其实这不是唯一的方法。冬天一到就没东西可吃的原因，除了螽斯本身"夏天几乎都在玩耍"的行动以外，另一个原因是"冬天找不到食物"。

我们是否有办法解决"冬天找不到食物"的问题呢？如果大家都因在冬天里找不到食物而苦恼，那么我们不妨设法让大家在冬天里也找得到食物。倘若能实现这个想法，不但可以帮助所有为冬天所苦的同伴，而且拿食物来做生意也能赚得口袋满满吧。

事实上，"趁夏天工作"改变的是"行动"。但是，我们可以改变的不只是行动。"冬天找不到食物"这个"前提"，同样也能加以改变。说不定"冬天找不到食物"只是大家的刻板印象，其实某处存在着让"冬天也找得到食物"的好办法，只是大家还没发现。

<u>可以改变的不只有"行动"，"前提"也可以改变</u>。这显然需要靠想法上的转变来实现，因为许多科

学上的发现、技术上的发明与社会发展上的突破,都不是只把关注点放在改变"行动"上。思考能否改变"前提",是个不错的办法。

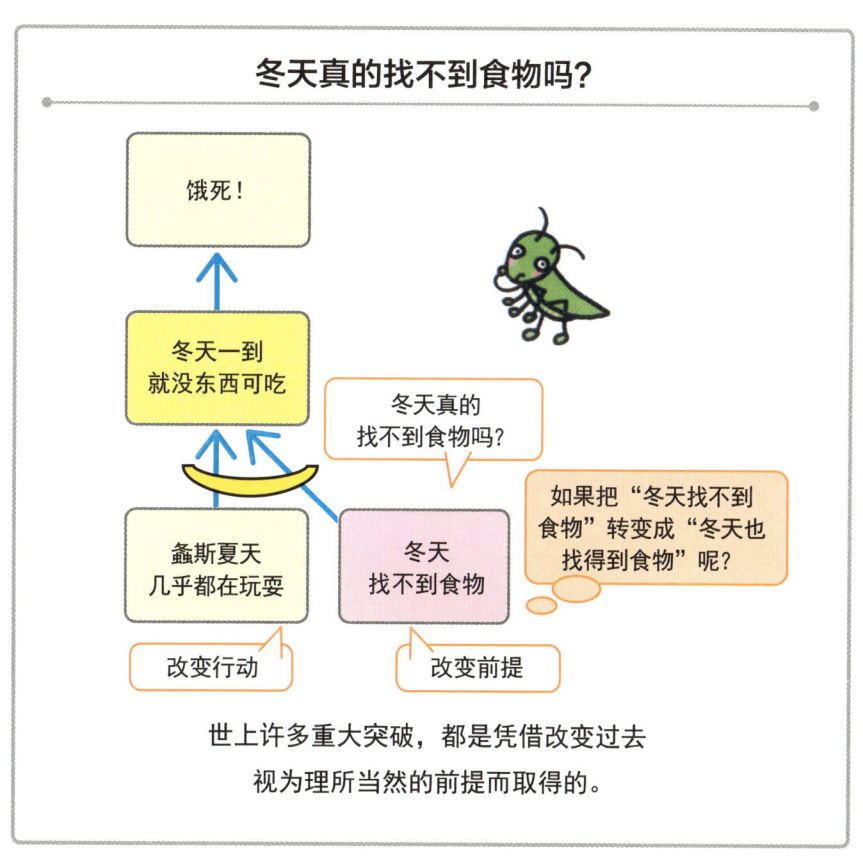

用你身边的例子来画分支图吧!

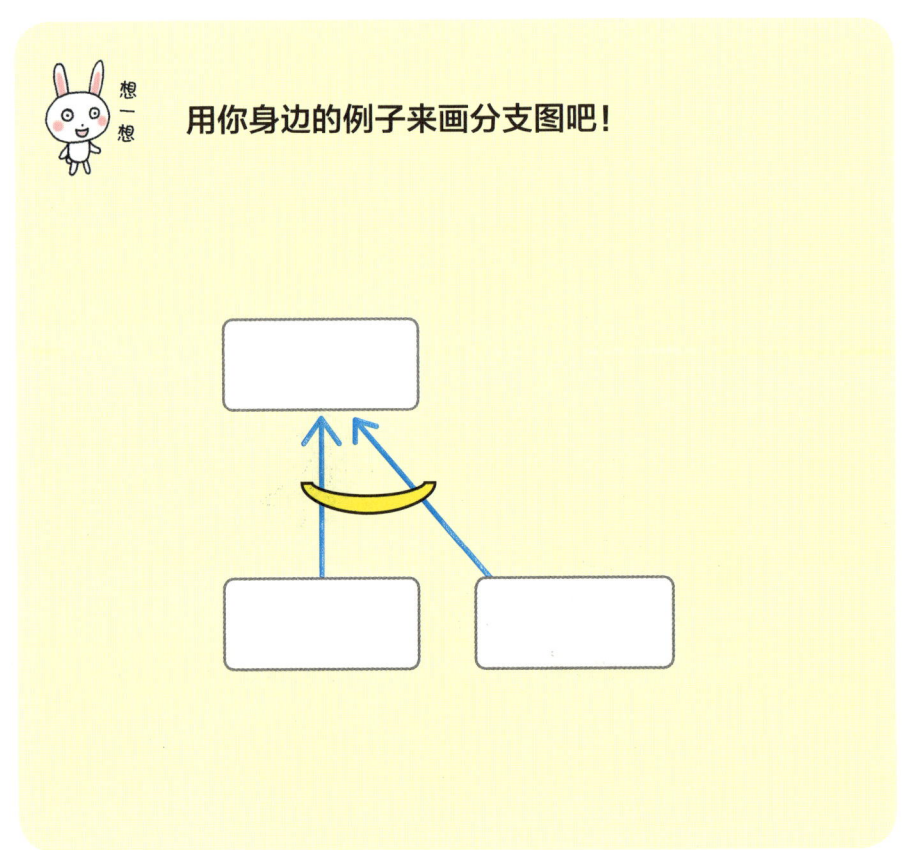

 想一想　利用检验逻辑思考的四个提问，进行第58页图的检验！

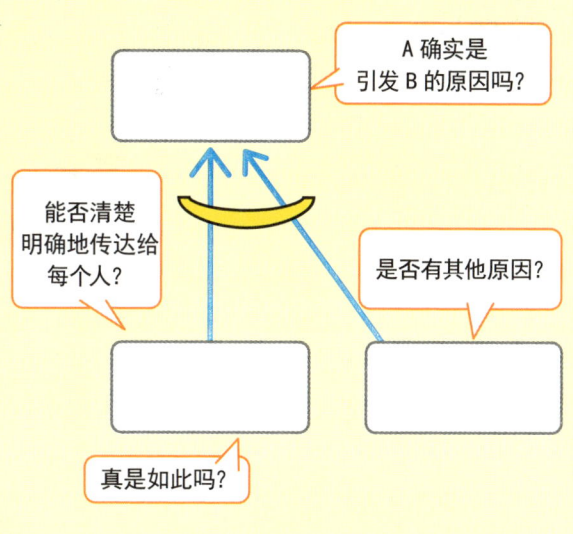

Part 3

解决一团混乱！
——疑云图

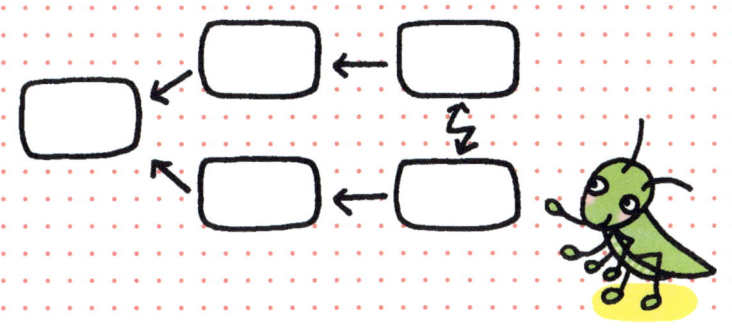

- 让你能用简单明了的方式，向大家说明对立的状况。
- 将采取的手段与真正的需求切实区分开来，让你能灵活思考出各种达到目的的手段。
- 通过立场对立的对象提出的主张，思考对方真正的需求，成为一个能站在不同立场角度思考的人。
- 培养出运用疑云图解决对立、突破创新的能力。

用疑云图解决两难局面

你是否曾经因左右为难而感到内心一团混乱？

螽斯的两难是，到底是选择"工作"还是"不工作"。兔子的两难是，是选择"不休息"还是"休息一下"。无法同时成立，是他们如此困扰的原因。

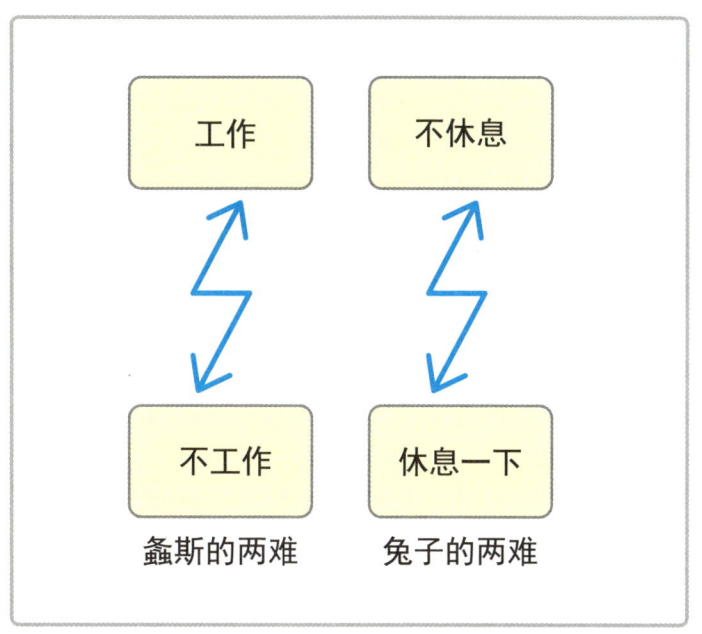

要解决两难带来的混乱，最方便的工具就是"疑

云图❶"。疑云图的结构十分简单，由A、B、C、D、D'❷五个方框组成，如下图所示。我们可以通过这五个方框阐明两难问题的结构，然后进一步思考对策。

首先，在下图的方框D和方框D'中填入相互对立的行动，接着思考这两个对立行动的共同目标，并填入左侧的A方框中。虽说状况对立，但两者之间应该有着某个相同的目标。在中间的方框B中，填入想通过行动D满足的需求；在方框C中，填入想通过行动D'满足的需求，就这么简单。

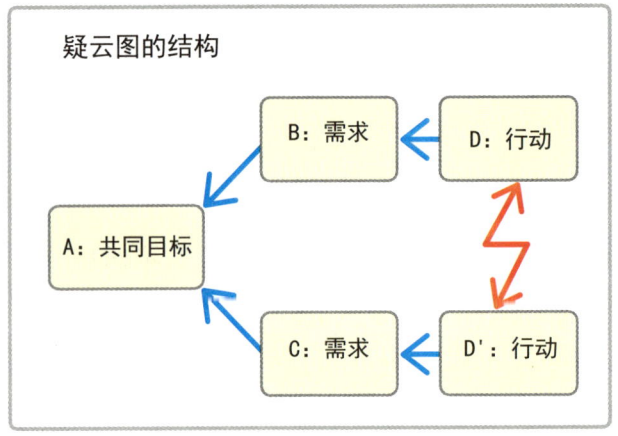

---

❶ 疑云图（Cloud）由高德拉特博士命名，正式的名称为"蒸发的云"（Evaporating Clouds），取自"将疑云蒸发殆尽"的意象。经典名著《天地一沙鸥》的作者李察·巴哈的另一部作品《梦幻飞行》中，有一幕是主人公抹去天空中的浮云，取名为疑云，也是为了向这一幕表达敬意。对使用TOC的人来说，疑云图是一个日常会话中的词汇，希望读者能记下来。

❷ 为什么是D和D'，而不是D和E呢？其实，在符号上使用D'而不用E，是为了明确表现出两者是相互对立的概念。D'念作"D Prime"。使用制约理论的人，经常会使用到A、B、C、D、D'这五个符号，将此记下来，使用时就会十分便利。

现在就让我们把螽斯的两难绘制成疑云图。

蚂蚁主张"工作",而螽斯主张"不工作",这两者是对立的。所以,我们先在方框D中填入"工作",在方框D'中填入与D对立的行动,也就是"不工作"。

接下来要思考的是共同目的。无论主张的是"工作"或"不工作",最终的目的可能都是"一直过着幸福快乐的日子"。因此,我们将这个目的填入方框

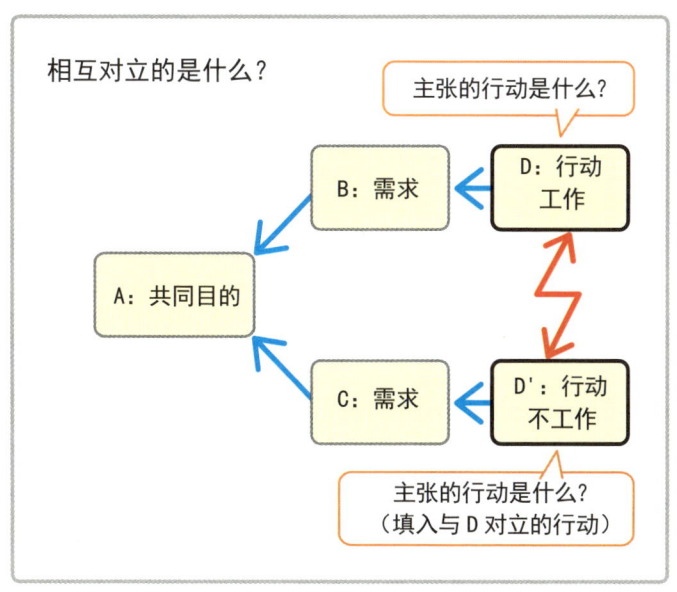

A中。这时我们会发现，在"工作"与"不工作"这两个对立的行动间，其实也存在着一个共同目的。蟊斯的愿望是"一直过着幸福快乐的日子"，但实现愿望的手段（行动）无法同时成立，因而陷入两难境地。

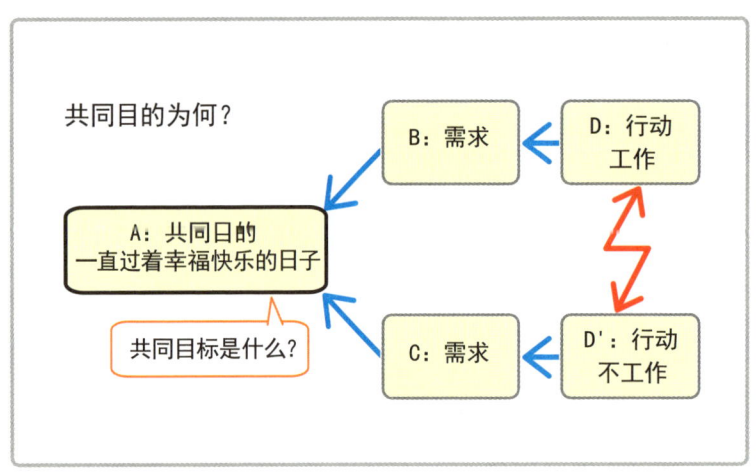

接着要思考的，是方框B的"需求"。让我们想想看，方框D所主张的"工作"是打算满足什么样的需求，以便达到共同目的A？蚂蚁之所以"工作"，应该是为了"储备过冬的食物"，那么这就是行动D打算满足的需求，因此我们可将它填入方框B中。

再用同样的方式思考方框C的"需求"。D'所主张

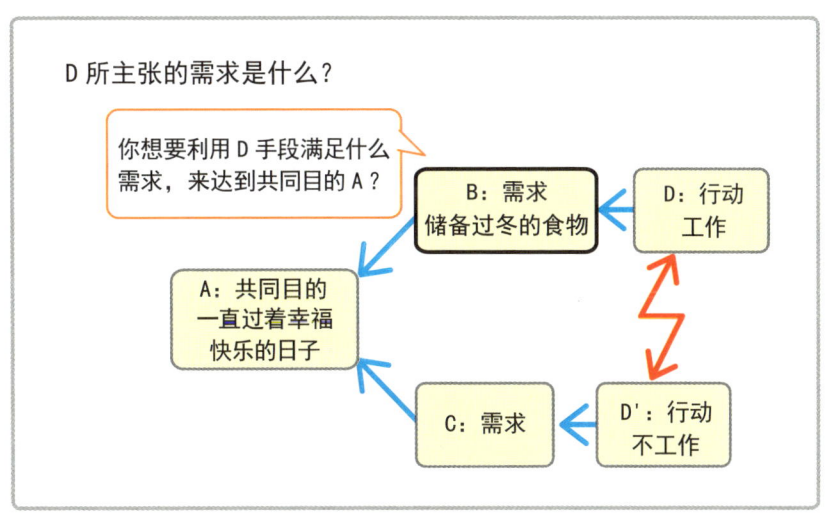

的"不工作"又是打算满足什么样的需求,来达到共同目的A?或许是因为螽斯想要"天天开心度日"。若是如此,就将这个需求填入方框C中。

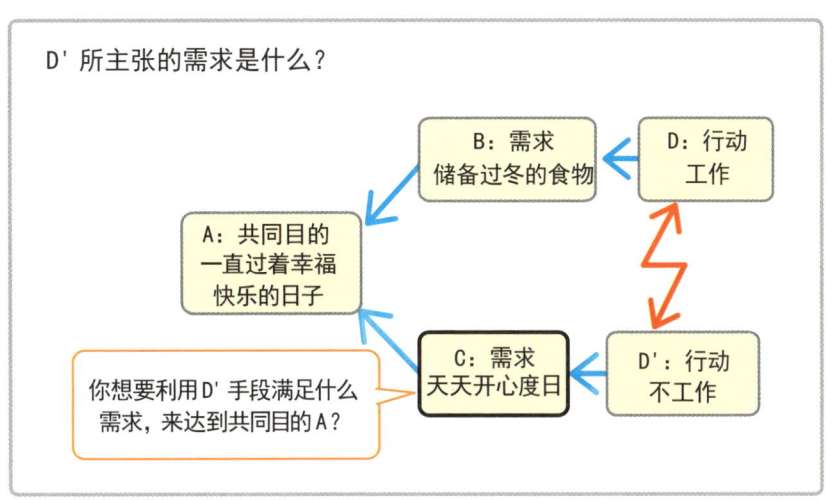

绘制疑云图的简单提问

疑云图可归纳成以下五个简单的提问[1]。

D：主张的行动是什么？

D'：主张的行动是什么？（填入与D对立的行动）

A：共同目的为何？

B：你想要利用D手段满足什么需求，来达到共同目的A？

C：你想要利用D'手段满足什么需求，来达到共同目的A？

实际上，我们只需依图所示，将每个提问的答案分别填入各个方框中。通过疑云图我们可以清楚发现，在两个相互对立的行动之间其实也存在着共同目的。虽然在行动的阶段相互对立，但在需求的阶段不

---

[1] 有时候，在写好D和D'后，先思考D和D'的需求，最后再思考共同目的，会比较容易。此时，依照这样的顺序思考也是可以的。只不过，最好朝着"D和D'尽管相互对立，也有共同目的"的方向思考B和C是什么，才会进行得较顺利。

一定是对立的状态。让两个需求同时成立，才是实际上最理想的状态。

　　这里的重点，是要分清楚"需求"与"行动"是不同的两件事。"行动"是为了满足"需求"而实行的手段。我们经常将"需求"与"行动"搞混，但此处的关键就是要先厘清双方所主张的"行动"不同于双方想满足的"需求"，同时确定双方的"行动""需求"各自为何，接下来才能找出解决之道。

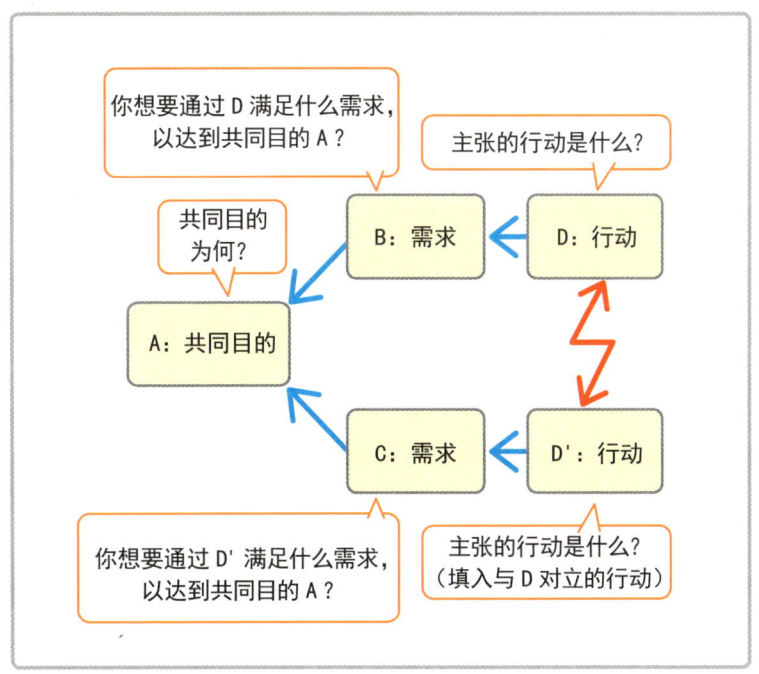

确认绘制的疑云图是否完善

利用前面的提问绘制好疑云图后，要确认图是否完善。进行确认时，我们可以读出以下句子：

① "D与D'是不是对立的行动？"
② "要进行A，就一定要进行B。"
③ "我觉得要进行B，就必须进行D。"
④ "要进行A，就一定要进行C。"
⑤ "我觉得要进行C，就必须进行D'。"
⑥ "要进行D'，对于B的需求就必须妥协吗？"
⑦ "要进行D，对于C的需求就必须妥协吗？"
⑧ "若能让B和C同时成立，并实现A的话，是不是最佳状态？"

读的过程中，若发现逻辑不通的地方，就要重新思考方框中所填的内容是否合适。当所有句子读起来都十分通顺时，疑云图就大功告成了。

现在就来确认一下，我们针对螽斯的两难境地所绘制出的疑云图是否完善。

①"工作"与"不工作"是不是对立的行动?

②要"一直过着幸福快乐的日子",就一定要"储备过冬的食物"。

③我觉得要"储备过冬的食物",就必须"工作"。

④要"一直过着幸福快乐的日子",就一定要"天天开心度日"。

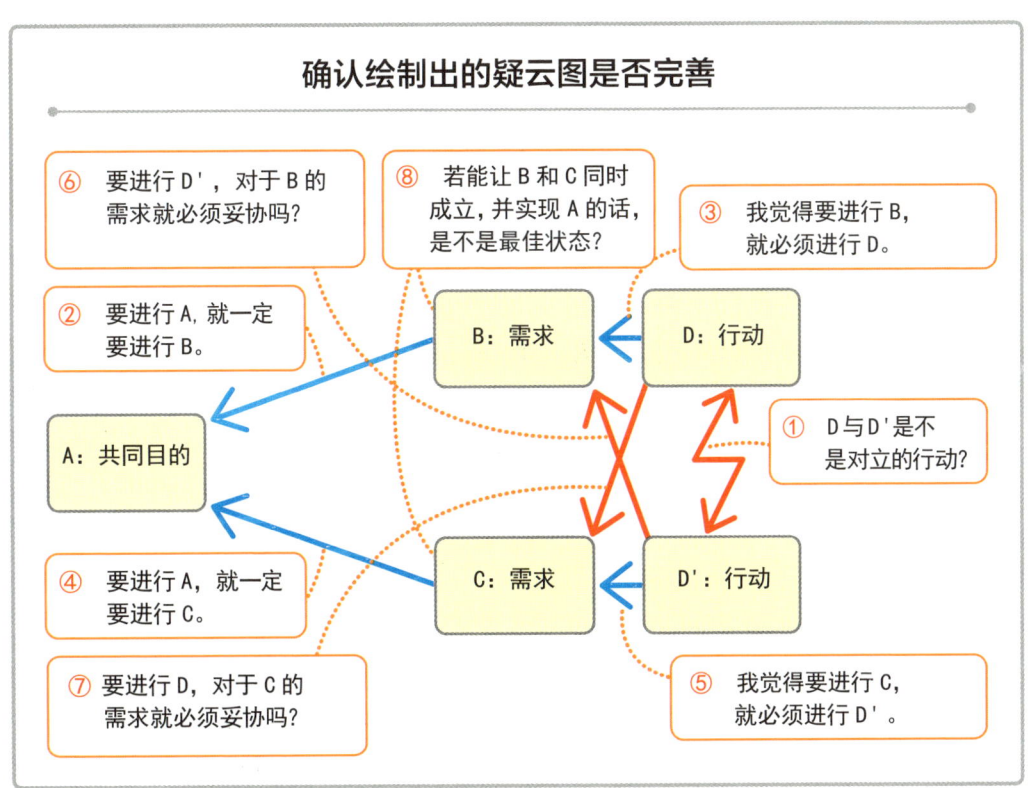

⑤ 我觉得要"天天开心度日",就必须"不工作"。

⑥ 要是"不工作",对于"储备过冬的食物"的需求就必须妥协吗?

⑦ 要是"工作",对于"天天开心度日"的需求就必须妥协吗?

⑧ 若能让"天天开心度日"和"储备过冬的食物"同时成立,并实现"一直过着幸福快乐的日子"的话,是不是最佳状态?

读完觉得都很通顺,没有不合理之处,疑云图就大功告成了。

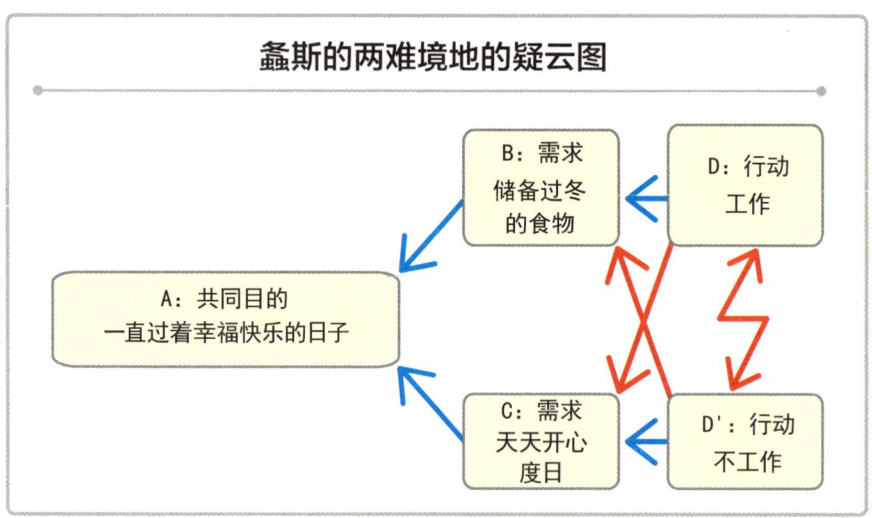

面临对立状况时采取的各种行动

当人面临对立时，通常会采取什么样的行动呢？

"回避"：装作没发生任何对立的样子[1]。

"放弃"：放弃其中一方。

"强行要求"：要别人放弃其中一方。

"摇摆不定"：每次都改变立场。

"妥协"：迁就于折中的状态，双方的需求都只满足一半。

"双赢"：不必妥协就满足双方的需求，实现共同目的。

---

[1] 对立已经发生，表面上却装作没有任何对立的样子，这是日本文化的特色之一。关于这一点，高德拉特博士在《选择》的日文版序文中，也曾对日本人给以当头棒喝。粉饰太平无法解决任何问题，而且问题放久了还可能越来越大，最后无预警地爆发出来，有时甚至会带来悲惨的下场。令我惊讶的是，博士在敬重日本文化的同时，更洞悉日本文化的弱点。

所谓妥协，是指B和C的需求都无法彻底满足。时间久了，双方的不满都会越来越强烈。既然要解决，最好的方法当然是双赢，同时满足双方的需求，并达到共同目的。唯一的问题，就是要如何找出双赢❶的方法。

因此在疑云图中，我们只要思考一件事，那就是如何不迁就妥协又能满足双方的需求。

---

❶ 如果能满足B、C双方的需求，且共同目标A是以贡献社会为目标，并且也能得到满足的话，那就是对对方、自己、社会都有好处的"三方皆好"了。日本古代的近江商人常说，要做就别只是"双方都好"，而要以"三方皆好"为目标。"三方皆好的公共建设改革"就是将这个概念导入公共建设里。

找出对立结构中的『偏见』

绘制好疑云图后，对立的结构就变得一目了然。此时，我们会发现有三种相互关系发生对立，分别是B与D'、C与D、D与D'。也就是说，只要找到解决这些对立的方法，就能找到问题的破绽。就逻辑来看，以下这四个注意点[1]是解决这些对立的线索。

"第一个注意点"：解决B和D'的相互对立。

"第二个注意点"：解决C和D的相互对立。

"第三个注意点"：解决D和D'的相互对立。

"第四个注意点"：思考出满足B和C的第三个妙方。

---

[1] 这四个注意点，是由制约理论国际认证组织前会长艾伦·贝纳德博士提出。过去，制约理论会对每个方框与方框间的关系进行检验，但贝纳德博士提出："既然要解决对立，那就没必要连不相对立的事物都一起检验。"这个崭新的观点提出之后，不仅令人心服口服，也让疑云图一举得到长足的进步。找出"一说出来大家都觉得理所当然"的事物，这就是制约理论的进化之道。贝纳德博士将这个方法命名为"艾伦的四个方法"。

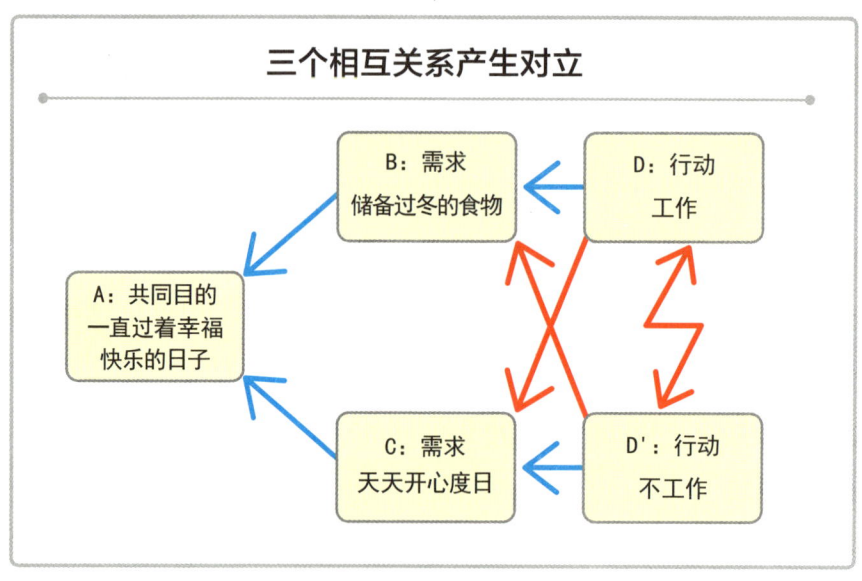

第一个注意点

首先来看B和D'的对立。为什么我们会觉得"不工作"就必须放弃"储备过冬的食物"？或许是我们先入为主地以为，"自己不工作就无法储备过冬的食物"。若是如此，我们就该试想，有没有什么方法是就算自己不工作，也能储备过冬的食物？千万别说："天底下哪有这么好的事！"这样只会妨碍创意的自由发挥。比方说，找一只大方的蚂蚁，请他分一点食物给自己，这并非绝不可能的事。

第一个注意点：B和D'的相互对立

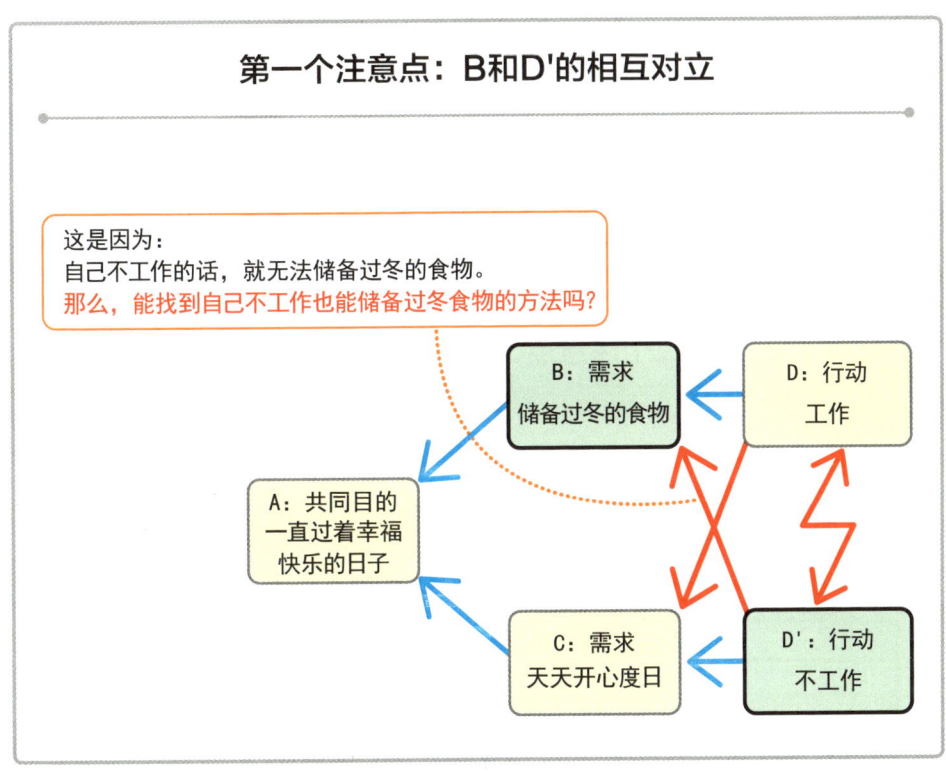

77

第二个注意点

再来看看C和D的对立。为什么我们会觉得"工作"就必须放弃"天天开心度日"？或许是因为我们以为"只要工作的话，就不可能过得开心"。会不会有什么快乐工作的方法，只是我们还不知道？比方说，和别人比赛，看谁储备的食物比较多，或许这样就能在工作中得到游戏的乐趣。

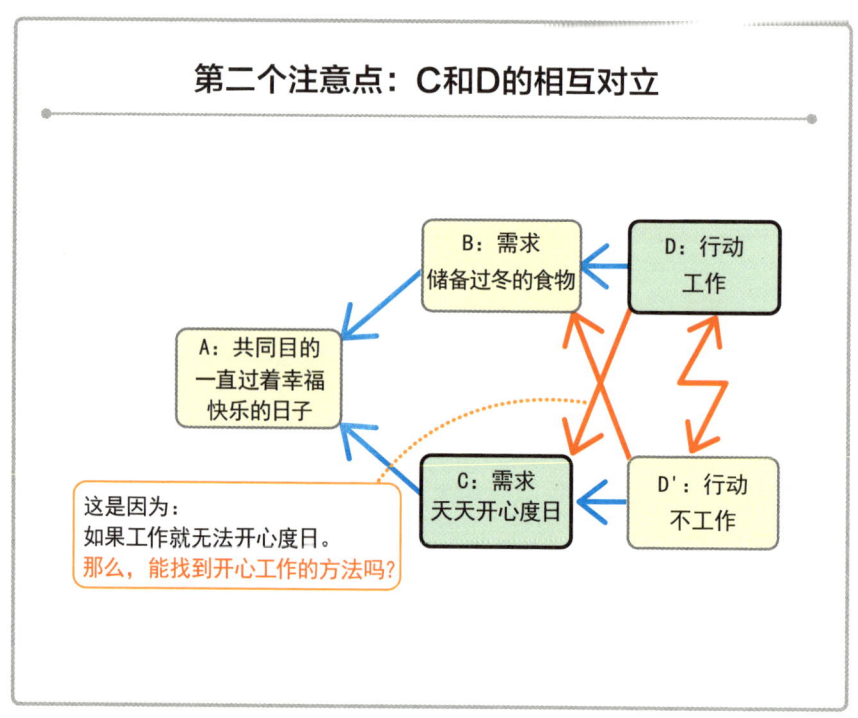

第三个注意点

D和D'的对立又是如何？"工作"和"不工作"不能同时成立，会不会只是我们先入为主的想法？如果制定出一个哪些时候工作、哪些时候不工作的规则，或许就能让两者同时成立。再者，大家以为螽斯都不工作，但事实上他平时也要自己找食物吃，由此可知他多多少少还是在工作的。因此，螽斯一定也能趁夏天食物丰盛时，多花点时间工作，储备过冬的食物。

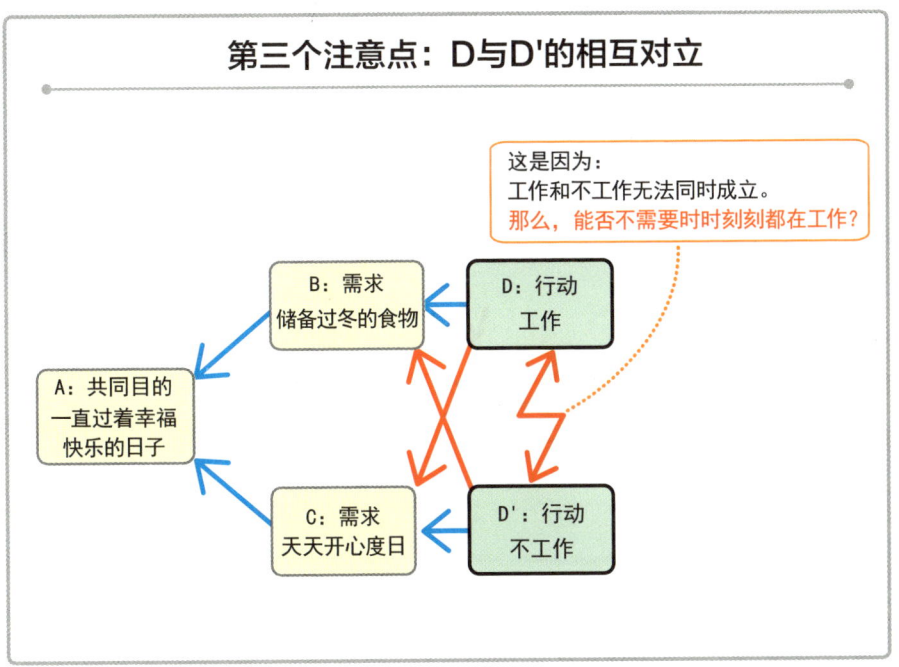

第四个注意点

着眼于B和C，思考除了D和D'以外，有没有其他不引起对立的好办法。会不会是我们先入为主地认定，我们只能在D和D'两个方法间二选一，才会以为两者是相互对立的？若是如此，或许我们可以暂时抛开D和D'两个选项，想一想有没有一个两全其美的办法，能满足B的"储备过冬的食物"，又能满足C的"天天开心度日"。

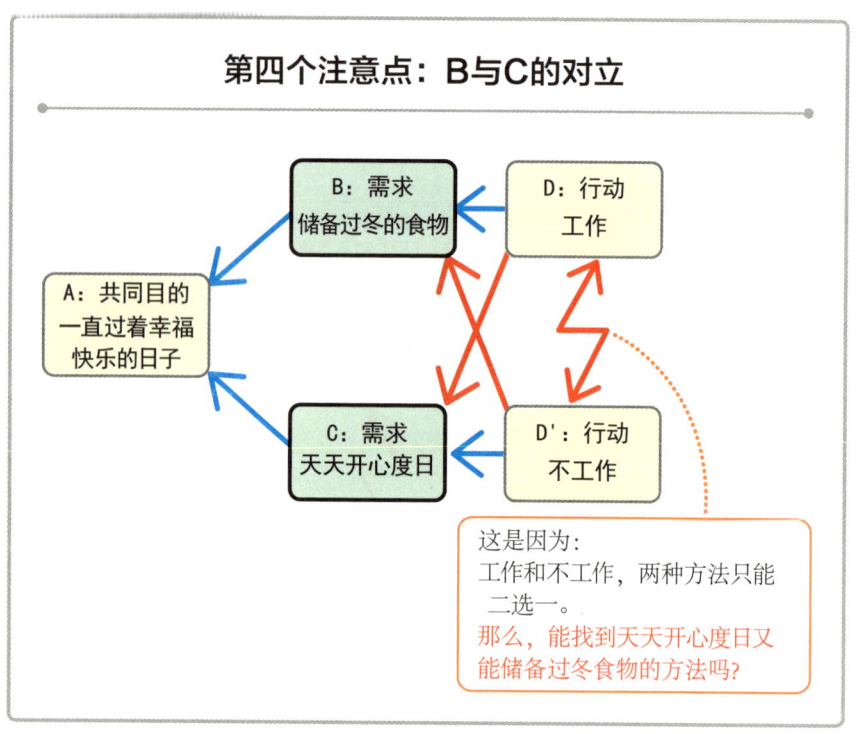

蚕斯为了开心度日，每天都拉小提琴。既然如此，不妨请大家聆听蚕斯最擅长的小提琴，然后用过冬的食物作为回馈。蚕斯虽然出了名地不爱工作，但在兴趣爱好上十分投入，若它把兴趣当成工作，岂不是既能天天开心度日，又能储备过冬的食物，实现一举两得。

利用这四个注意点，从各种不同角度改变思考方式，找出潜藏在对立结构中"先入为主的想法"。若对立是来自先入为主的想法，那么只要去除偏见，就能找出解决对立的解决方案❶。最佳的解决方案，应该同时满足需求B和需求C，又能实现共同目标A。而我们可以通过四个注意点，来找出最佳解决方案❷。

---

❶ 在二选一的矛盾选项间，用一个创新构想解决双方矛盾，有时我们称为"突破"，在哲学领域中则称作"扬弃"（统合相互矛盾的各种契机，同时达到向上发展）。其实，疑云图就是一种展开想象的思考方法。

❷ 思考出的解决方案，不见得都是好方法。只要从中挑选出最合逻辑的方法即可。想不出好方法时，可以请经验丰富的人帮忙思考，这也不失为激发创意的良方。

疑云图的结构让我们清楚地发现，对立只发生在行动阶段，到了共同目的乃至需求的阶段时，对立已不复存在。利用这一点作为解决问题的关键，思考出一个同时满足双方需求的手段，就能解决对立。

各位读者或许已经察觉到，利用疑云图思考问题的解决方案，就是要摸索出一个可以同时满足B和C的方案。B是对方的需求，C是自己的需求。利用疑云图，我们就能跳出相互对立的行动，正视对方和自己的真正需求，进而思考出全新的解决方案。

尽管螽斯主张"不工作"，但只要站在蚂蚁的立场思考❶，就能了解蚂蚁主张"工作"，其实是为了满

---

❶ "要站在对方的立场思考！"这句话不知被人念过多少回。我也知道站在对方的立场思考很重要，但知道是一回事，在日常生活中实践又是另一回事。有时还会被别人说"你这个人只考虑自己"，听了实在令人沮丧。不过，学会了疑云图这项思考工具，就能养成习惯，即使在对立的状况下，也会自然而然地站在对方的立场思考对方的需求。在对立的状况中也能站在对方的立场思考的人，一般而言我们称为"圣贤"或"贤德之人"。所以，我内心期盼通过不断使用疑云图，能让我有一天也得到人格上的提升。

足"储备过冬的食物"这个需求。即使各自主张的手段是相互对立的，但从需求来看，就会发现两者不相对立。

蝨斯只要多想一想就会发现，自己也得储备过冬的食物。这时，蝨斯就能开始思考什么方法才能同时满足两边的需求，也就是兼顾"天天开心度日"与"储备过冬的食物"。换言之，<mark>利用疑云图，能同时重视彼此的想法，并从对立的状况中找出解决问题的切入点，进而产生新的想法</mark>[1]。

---

[1] 人在两难的困境中会倍感压力。反过来说，若能用疑云图解决两难困境，这个人承受的压力就会越来越小。制作疑云图时，自然而然地需求与目的会显得明确，也会带给人更大的前进动力。因此，疑云图目前已受到各界关注，也常使用在解决心理问题等方面。实际上，我们也常收到来信，许多人表示自己靠着疑云图解决了精神方面的问题，并且能在星期一抱着开心的心情上班。

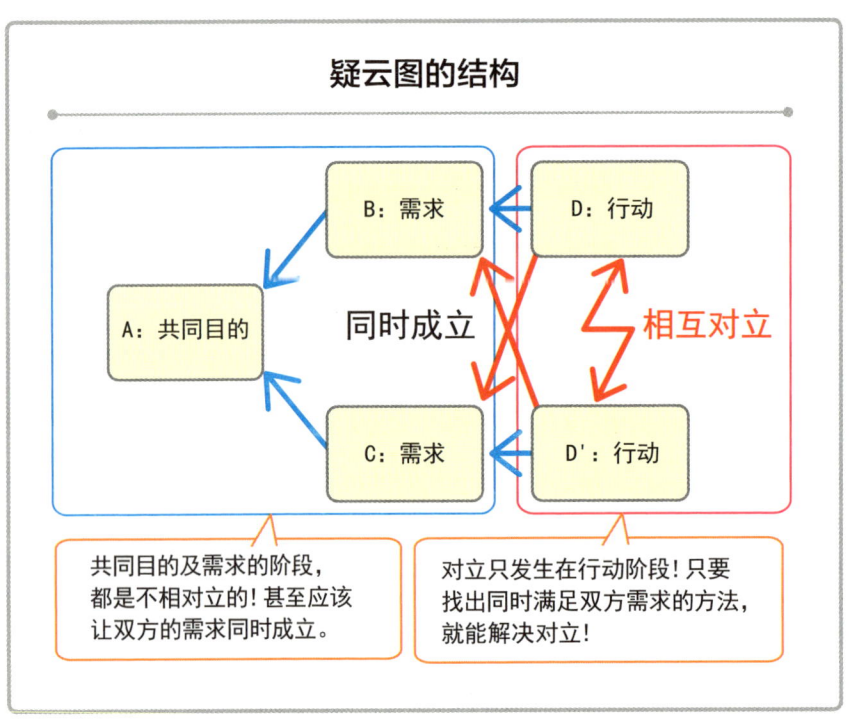

找出偏见，解决对立的简单提问

利用疑云图进行思考时，要先找出先入为主的思考偏见，再以那个部分作为切入点，进而思考解决对立的方法。而以下提问可帮助你实践上述过程。

"第一个注意点"：解决B和D'对立的提问

·找出偏见的提问：你为什么觉得，若是进行D'，对于B的需求就必须妥协？

·解决对立的提问：真的没有好办法，可以同时进行D'又满足B吗？

"第二个注意点"：解决C和D对立的提问

·找出偏见的提问：你为什么觉得，若是进行D，对于C的需求就必须妥协？

·解决对立的提问：真的没有好办法，可以同时进行D又满足C吗？

"第三个注意点"：解决D和D'对立的提问

·找出偏见的提问：你为什么觉得D和D'不能同时成立？

·解决对立的提问：真的没有办法制定一个"某种条件下是D，某种条件下是D'"的规则，让双方同时成立吗？

"第四个注意点"：思考出满足B和C的第三种方法
· 你为什么觉得B和C不能同时成立？

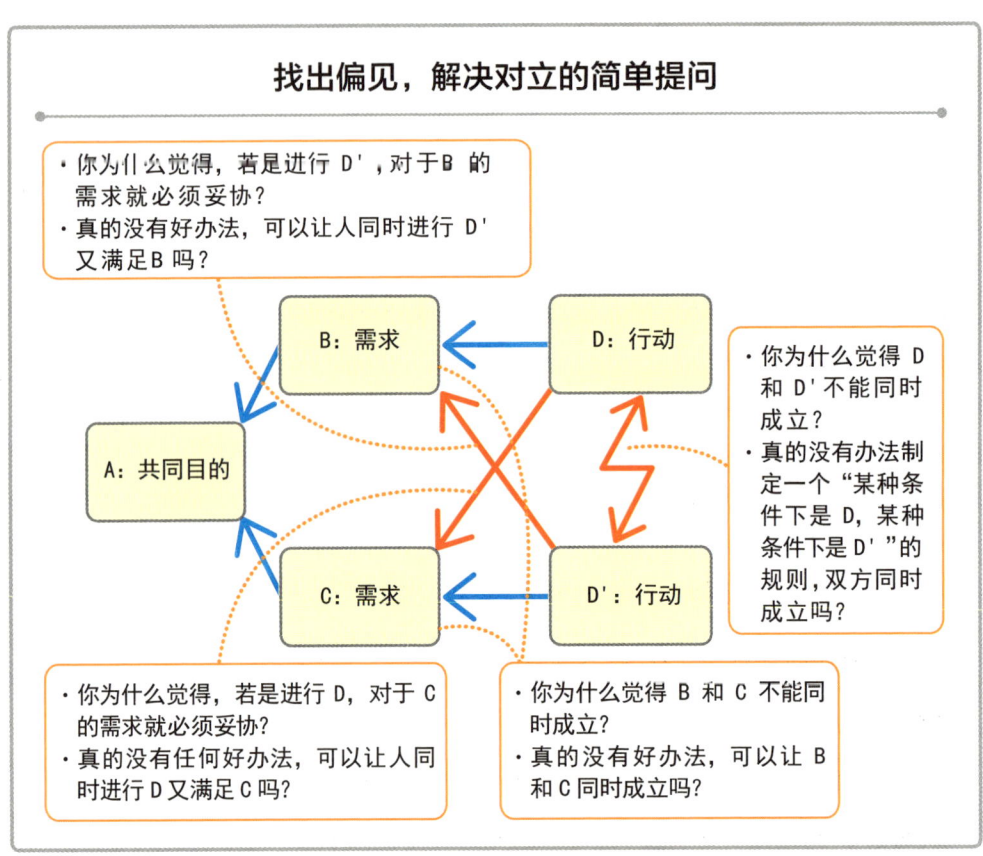

・真的没有好办法，可以让B和C同时成立吗？

"第一个注意点"是以对方的需求B，也就是以"对方的想法"为线索来思考；"第二个注意点"是以自己的需求C，也就是以"自己的想法"为线索来思考；"第三个注意点"是思考D和D'在"时间与场合"上的分配方式；"第四个注意点"是不拘泥于D和D'的手段，思考出一个同时满足B和C的"好办法"。四个注意点的关键词为"对方的想法""自己的想法""时间与场合""好办法"，各取第一个字"对、自、时、好"背起来，或许有助于读者使用疑云图更加得心应手[1]。

---

[1] 这本书是同时为所有大朋友、小朋友而设计的，因此尽量写得浅显易懂，只介绍核心的必要元素。在更复杂的组织中面临问题时，可能会感到此处的介绍不敷使用，这时请参考拙作《问题不能拆开来看！》的第二章。

如何直觉而快速地找出解决对立之道

若想直觉而快速地找到解决对立之道，在前述的四个注意点中，最有效的莫过于"第四个注意点"——思考有无同时满足B和C的手段[1]。想要立竿见影时，只要在绘制好疑云图后，提出以下这个问题：

"真的没有同时满足B和C的方法吗？"

比方说，失败组的兔子和螽斯，可不可以将自己切身学到的教训写成故事呢？兔子和螽斯同心协力写故事是一件快乐的事，而且故事若能大卖，他们就能不用工作、靠版税生活[2]，根本不愁没有过冬的食物。这么一来似乎就能一直过着幸福快乐的日子了。

---

[1] 实际上，直觉过人的高德拉特博士，过去都只专注于思考有什么方法能同时满足B和C。

[2] 若能写出像"龟兔赛跑""蚂蚁与螽斯"这样流传千古的故事，不知道可以赚进多少版税——请原谅我竟然有这么俗气的想法。

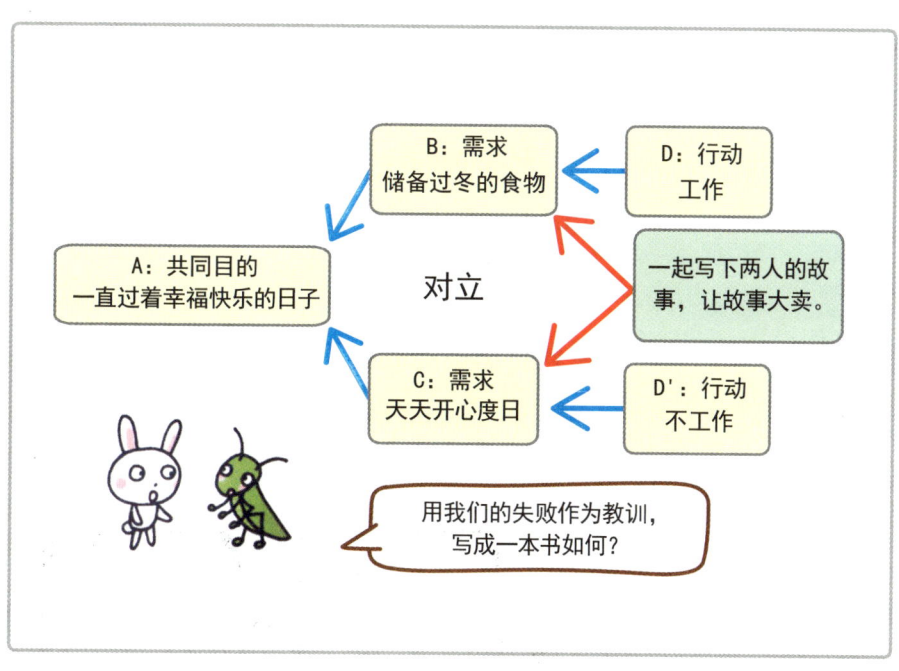

89

四岁儿童绘制的疑云图

下面的疑云图是由一名四岁孩子所绘制。因为这名孩子还不会写字，所以用绘图的方式表现他的问题。他想要一条金鱼，所以一直缠着母亲要她买，但母亲不肯。

孩子自己的主张在右上方的方框内，他在里面画上自己正在养金鱼的图案。

右下方方框内则是反映母亲的主张。大家应该都看得出来，画里的人表现出一副很凶恶的模样。问到

以色列佩塔提克瓦的某家幼儿园
塔利·马雷克老师的例子

孩子与母亲的共同目的是什么时，他回答："妈妈跟我相亲相爱，还有金鱼也跟我们相亲相爱！"这就是最左边的图。接着，请孩子思考他想要金鱼是为了满足什么需求时，他回答："想一直看着金鱼。"这就是中间上方方框内的图。再问孩子："那妈妈的需求呢？"他回答："不想照顾金鱼。"这就是中间下方方框内的图。疑云图完成后，请各位读者停下来思考一下，若想解决问题，接下来我们该对这孩子做些什么？

答案是，"为了训练他自行思考，所以就放着别管他"。若要培养思考力，最好的方法就是训练自己思考。

如何才能同时满足自己"想一直看着金鱼"的需求，又满足母亲"不想照顾金鱼"的需求呢？这名孩子自己思考过后，第二天就对母亲说："我只是想看金鱼而已。妈妈，从幼儿园回家的路上，带我去金鱼店好不好？这样妈妈就不用照顾金鱼了！"母亲听了非常感动。

大人和孩子相比，究竟谁的头脑会比较灵活？许多真实案例告诉我们，当大人和孩子们一起用疑云图思考时，孩子们会展现出令大人也感到吃惊的灵活创意，让身为教导者的大人在该过程中反而得到成长。

让高德拉特博士不再大发雷霆的疑云图

TOC（Theory of Constraints，制约理论）是高德拉特博士开发的整体优化企管理论❶。若提到《目标》这本介绍TOC的全球知名畅销书，应该有不少人听说过。《目标》中提到，其实TOC就是不断改造组织中长久因袭下来的思考方式❷，并借此得到不可思议的显著成果❸。

只要加以实践，就会发现"为何之前没想到这一

---

❶ 关于TOC的详细内容，补充在结尾的专栏2中，敬请参考。

❷ "降低成本就能提高获利""大量生产就能压低价格""提高效率就能增加获利""有弹性的截止日期比较容易遵守""全体员工拼命工作，就能提高效率"——这些想法其实都潜藏着先入为主的偏见，否则按照这些想法经营的公司，应该全都大赚特赚才对。读过拙作《"绝对要成功"的想法让公司走向失败》的读者，就会知道很多大众相信的观念都只是先入为主的偏见，其结果就是造成组织无法发挥原本拥有的实力。全球有许多人靠着转换这些前提性的想法，创造出了傲人的成绩，书中所举的实例一定会让读者十分惊羡。

❸ 上网检索TOC或Theory of Constraints，就会跳出数百万条的链接网站，其中记载着许多TOC为全球各地带来的显著成效。

招"？虽然都是简单的常识，但由于改变前与改变后的想法不同，因此在实践上会有一定的难度。

高德拉特博士亲自指导的，都是全球企业的管理高层。各位应该想象得出，要他们改变过去的既定观念是多么的困难。

高德拉特博士平时指导总是十分细心，通过不断地询问让对方找出答案。然而，当怎么解释对方都无法领悟，使得教学无法顺利进行时，他有时就会大声怒吼，强行说服对方。被他充满威势地这么一吼，对方恐怕像被惊雷吓到一般，反而会脑袋里一片空白。此时，又会让他更焦躁，更失去自制力。他仿佛有两个不同人格，谁也无法预测博士何时会大发雷霆[1]，所以跟在他身边的我们总是提心吊胆。

我一直难以理解平常十分理智的高德拉特博士为何会突然间勃然大怒。某日，在他的荷兰私人宅第内，来了几名全球企业的管理高层，想不到他又突然

---

[1] 而且是对跨国公司的高管大发雷霆，各位应该可以想象现场气氛有多紧张。

大发雷霆。当时我想到的疑云图，就是下图。高德拉特博士相信，一定可以让对方取得更好的成果，因为过于想让对方理解个中道理，所以忍不住大声指导。另一方面，高德拉特博士相信，一定可以让对方取得更好的成果，而他觉得为此一定要让对方自己领悟，所以不动怒地悉心教导。

这时我忽然想到的是，高德拉特博士勃然大怒时，从表现上看起来是向对方发脾气，实际上会不会

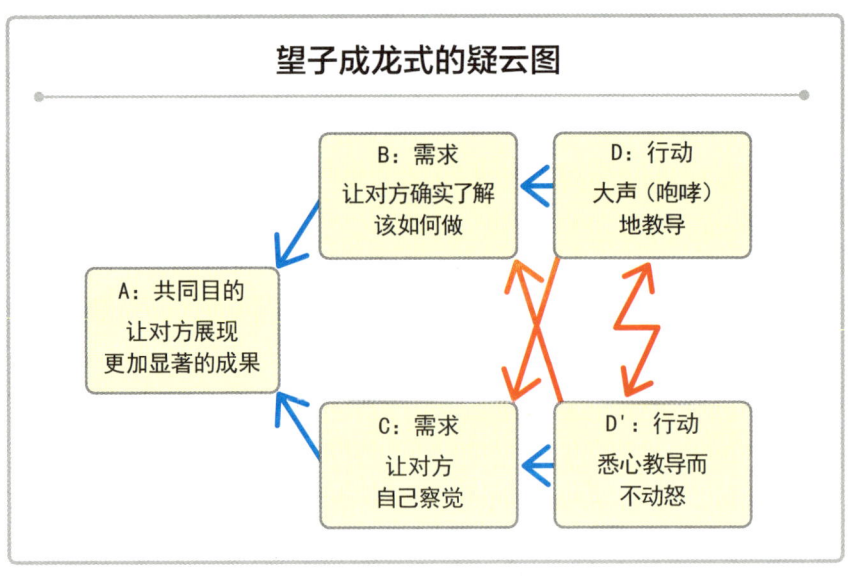

是在气自己为何无法说明得更清楚？对方都是跨国公司的管理高层，脑筋肯定不差。不，岂止不差，他们都是人中豪杰。该不会是他在气自己竟然教不懂这些杰出人士吧？我在休息时间向他询问了这个想法："您是不是在生自己的气，而不是在生对方的气呢？"他一语不发地盯着我看，时间仿佛突然停止。短短几秒的时间，对我来说好像过了几分钟、几小时那么长。然后，他点燃烟斗，大口大口地吸了几下，才慢慢恢复平常的沉稳，缓缓地吐出白烟，但仍然一语不发。

休息结束后，高德拉特博士向管理高层人士说："如果我让你们觉得我是在对你们生气，那我非常抱歉。刚才裕司提醒了我，我是因为没办法说明得更好，才对自己感到生气。让我们一起重新论证，重新思考一遍吧！"

高德拉特博士接下来的指导真是无懈可击。他一遍又一遍地耐心提问，用对方的话语绘制出分支图。当逻辑跳跃时，就表示分支图中有逻辑不连贯之处，这时就要细心地将不连贯的地方补上。在这样的练习中，由大家的话语而写出的各种现象全都串联起来了，事情的整体样貌也变得一目了然。对于他的讲解，原本听得一头雾水的管理高层，这时都完全理解了。

高德拉特博士不只接受了我的提醒，还一面吸着烟斗，一面思考着下一步该怎么走，也就是思考着有什么不必折中的方法，既能让对方自行领悟，又能确实理解。

每当我们得到一次学习、获得一个认知后，就要思考接下来可以怎么做。当时他领悟到，==当对方感到不懂时，正是填补逻辑的不连贯、让知识更加进化的时候。==

高德拉特博士从那之后真的改变了，当遇到对方不能理解的情形时，他会欣喜地找出逻辑上的破绽，不断地开发新知识。许多自世界各国前来学习TOC的

---

❶ 当时在高德拉特博士身边的学生，全球只有七人，我是其中表现最差的那位。但当知道"不知道"也能为新知识的开发带来贡献时，我增添了一点自信，因为一度落后的我原来也能有所贡献。不过，要在高德拉特博士面前说出"不知道"，还是需要很大的勇气的。

人告诉我，高德拉特博士自从认识我之后就改变了❶，我想，改变的契机就是来自这段小插曲吧。

顺带一提，这个疑云图是在希望对方展现出更显著的成果时想出的，这种心情有如父母对子女的关心与期待，因此我将它取名为"望子成龙式疑云图"。这个疑云图的运用情境广泛，无论是父母忍不住斥责孩子时，还是面临训练体育技能时的体罚等，皆能用这个疑云图来解决❶。

---

❶ 山下泰裕教授是洛杉矶奥运会的柔道金牌选手，现任职于东海大学体育学院。他曾告诉我一个有趣的现象：一流的运动员不仅擅长使用自己的身体，也擅长使用自己的头脑。山下教授说得没错。事实上，利用本书介绍的三项工具锻炼头脑并缔造卓越成绩的运动员，成就往往都展现在运动竞赛上。

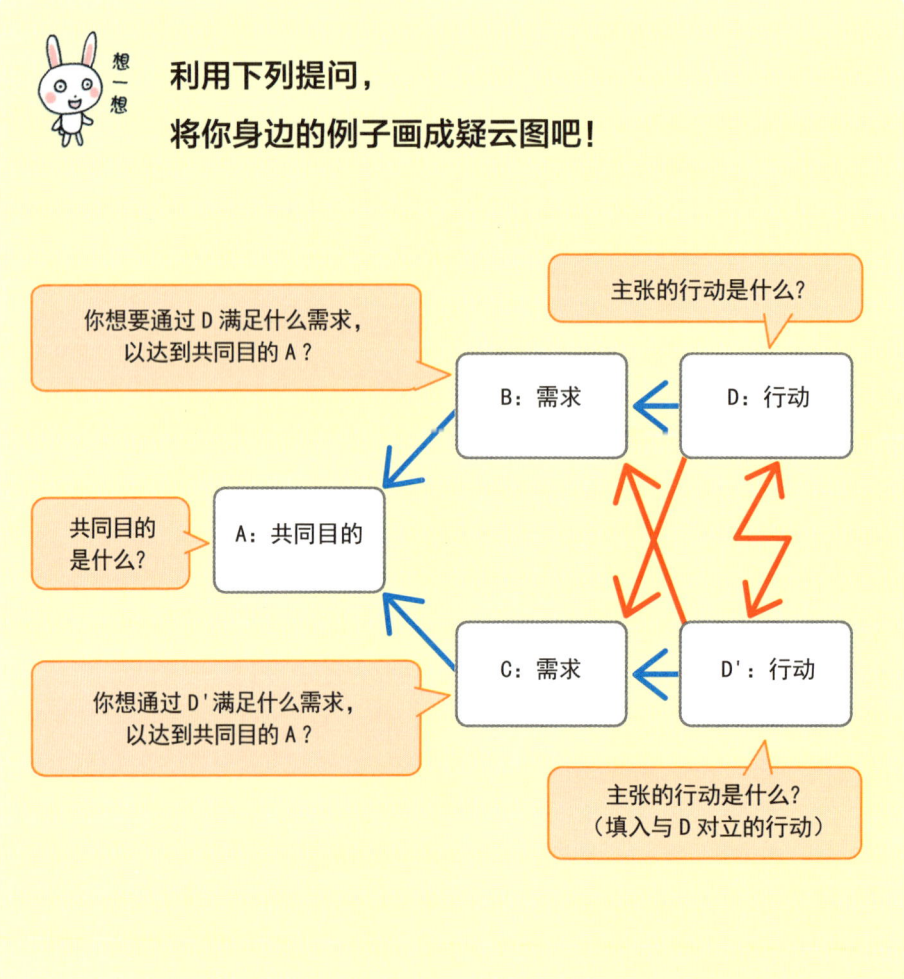

 **想一想 利用下列提问来解决疑云图的对立吧!**

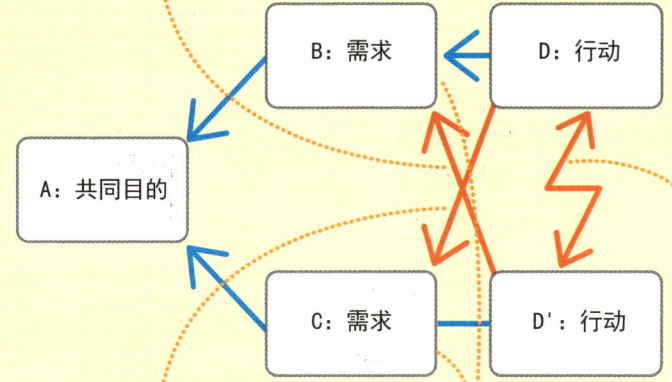

Part 4

告别一片幽暗！
——远大目标图

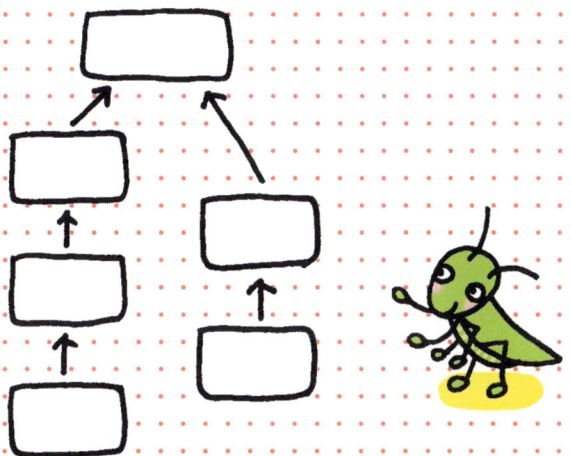

- 养成事先思考的习惯，思考会遇上什么障碍，以及如何进行才能避开各种障碍。
- 让你看出理想的自己与现在的自己之间的关系，提高达到目标的斗志。

实现梦想的远大目标图

所谓的远大目标,必须充满相当的野心而且无法轻易达到❶。而远大目标图,就是助人思考如何达到这种目标的工具。

远大目标图看似困难,其实步骤简单:

步骤一:写下目标。

步骤二:思考妨碍达到目标的障碍是什么。

步骤三:利用举出的障碍来思考中间目标。

步骤四:思考什么样的行动能达到中间目标。

步骤五:思考达到中间目标的先后顺序。

---

❶ 思考目标不是件简单的事。其实,高德拉特博士也曾苦于思考不出自己的人生目标。高德拉特博士成长的过程中,父母会问他:"你的人生目标是什么?"二十岁以前,他一直因不知人生目标为何,而感到十分苦恼。他最后找到的人生目标是"教导全世界的人如何思考"。顺带一提,他建议大家在设定人生目标时,"要尽量选择看起来不可能达到的远大目标"。他说这是因为:"若是设定眼前有可能达到的目标,我们就没必要提升自我能力,能力也自然不会提升。在达到目标的道路上,只有克服重重阻碍,才能让人成长。所以,看起来不可能达到的远大目标,会让人不断成长,而人生也会因为走在这条道路上,而变得更加充实。"

步骤一：写下目标

第一步就是写下目标。无论是将来的梦想、人生的目标、远大的目标，或是你根本不知该如何达到的目标都可以。

螽斯的远大目标就是"演奏最爱的小提琴给大家听，并让大家分享过冬的食物给自己"。

步骤二：思考妨碍达到目标的障碍是什么

接下来要思考达到目标的路上会遇到的障碍。

步骤 1：写下目标

目标
演奏我最爱的小提琴给大家听，请大家分给我食物

常听人说："不要替做不到找理由！"但就是因为确实思考过了，才能说出做不到的理由[1]。所以，这时要尽量举出你有可能遇上的任何障碍。虽

步骤2：思考妨碍目标达成的障碍是什么

目标
演奏我最爱的小提琴给大家听，请大家分给我食物

障碍①
不知道会不会有听众

障碍②
我会偷懒不练习

障碍③
不知道大家愿不愿意把食物分给我

---

[1] 一个人若不断举出做不到的理由，常会被别人负面解读成"为反对而反对"，但事情并非都如此。正是因为认真思考过，才能想出做不到的理由。如果没有认真思考过，应该连做不到的理由都说不出来。只要把做不到的理由事前加以排除，必然能增加做得到的可能性。换言之，说出做不到这个理由的人，其实正是推动事情取得成功的"拉拉队"。

然，提出越多做不到的理由，越会让人在还没开始前就想退缩，但比起事前不知道会遇上什么障碍，当然是事前知道比较好。如此才能避免漫无目的地走一步算一步。事前知道可能遇上的障碍，还能事先设法采取因应对策。所以尽量找出做不到的理由吧。

对螽斯而言，他首先想到的障碍是"不知道会不会有听众"。此外还有"我会偷懒不练习""不知道大家愿不愿意把食物分给我"。

步骤三：利用举出的各项障碍来思考中间目标

列举完障碍之后，剩下的就很简单了，你只需思考该把各项障碍转变成什么样的状态。像"不知道会不会有听众"就要转变成"招来大量的听众"，而"我会偷懒不练习"则转变成"让自己不会偷懒"，然后把"不知道大家愿不愿意把食物分给我"转变成"让自己拿得到食物"，就可以了。

重点在于，在这个阶段先不要思考手段（行动）。只要想一想下面这个问题，就能明白为什么要这么做："先想好手段再思考目标"和"先确定目标再思考手段"，哪个比较好？第一步要做的一定是让自己先有一个明确的目标。接下来只要解决可能遇到的

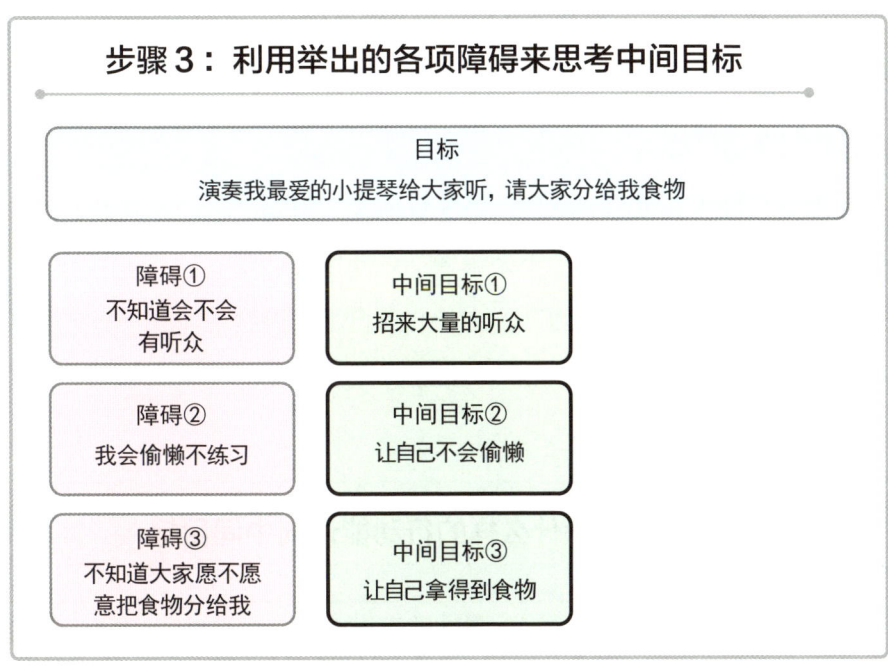

各种障碍，将中间目标一一达到，自然就能实现你的远大目标了。

当我们将障碍一一置换成中间目标时，也会令人心情愉悦而充满勇气。学会远大目标图，也会自然培养出化阻力为助力的思考模式，让你能积极挑战各种负面障碍。

步骤四：思考什么样的行动能达到中间目标

定出明确的中间目标后，就要思考该以什么手段来采取具体的行动。

为了"招来大量的听众"，具体行动是"请兔子帮忙宣传"。为了"让自己不会偷懒"，具体行动是"为了不让兔子失望而努力"。为了"让自己拿得到食物"，具体行动是"把食物当作入场费"。

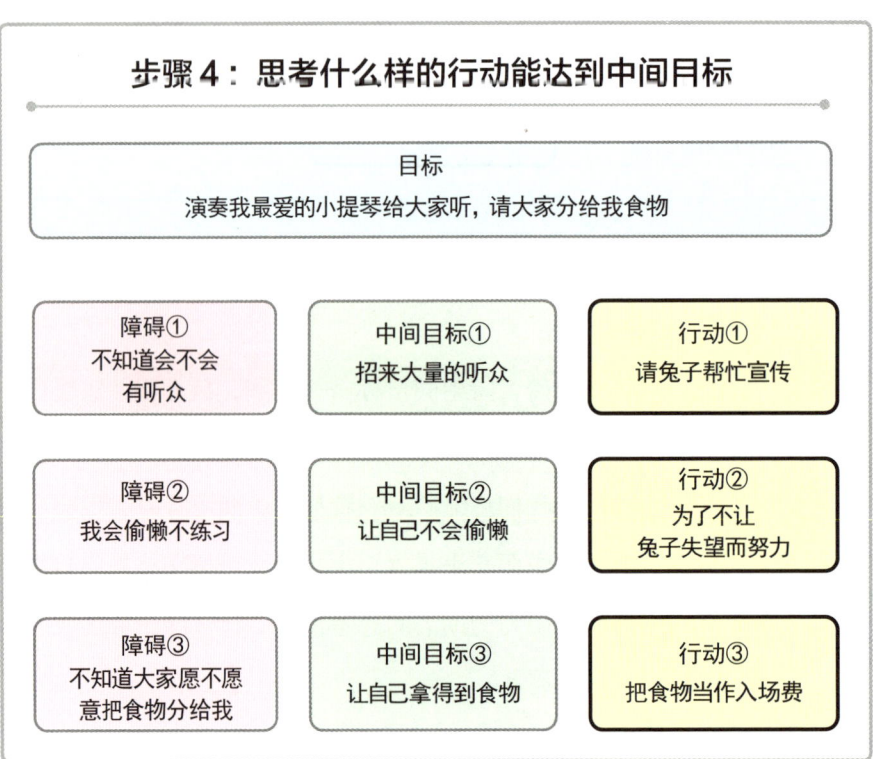

有时我们会怀疑，这些行动是否真能让我们达到中间目标。这时可向自己提问："为什么认为执行这个行动可以达到中间目标？"

比方说，为什么认为"请兔子帮忙宣传"就能"招来大量的听众"？答案可能会是"兔子擅长跑步，能到更多地方宣传"等，于是达到目标的理由就会越来越明确。若这个理由是正确的，在兔子的帮忙下，螽斯应该能招来大量的听众。

步骤五：思考达到中间目标的先后顺序

这个步骤要思考的是，前面所举的中间目标该按照何种先后顺序达成。

事情的先后顺序是十分重要的。因为，就算做的是相同的事，只要先后顺序不对，原本能顺利做成的事也会触礁[1]。所以，现在就来想想达到"招来

---

[1] 不知各位是否曾听上司说过："你怎么没告诉我？"听到这句话，当然是个凶兆。再好的提案，若是提案的先后顺序出错，也会让原本能顺利完成的工作触礁。与其等到吃了苦头再来学习，不如先想好先后顺序再行动。

大量的听众""让自己不会偷懒"和"让自己拿得到食物"这三个中间目标的先后顺序。顺序不见得都会排列成一直线，有时采取并行较好。如下图所示，将目标写在最上方，再来思考达到目标前，中间目标的先后顺序。

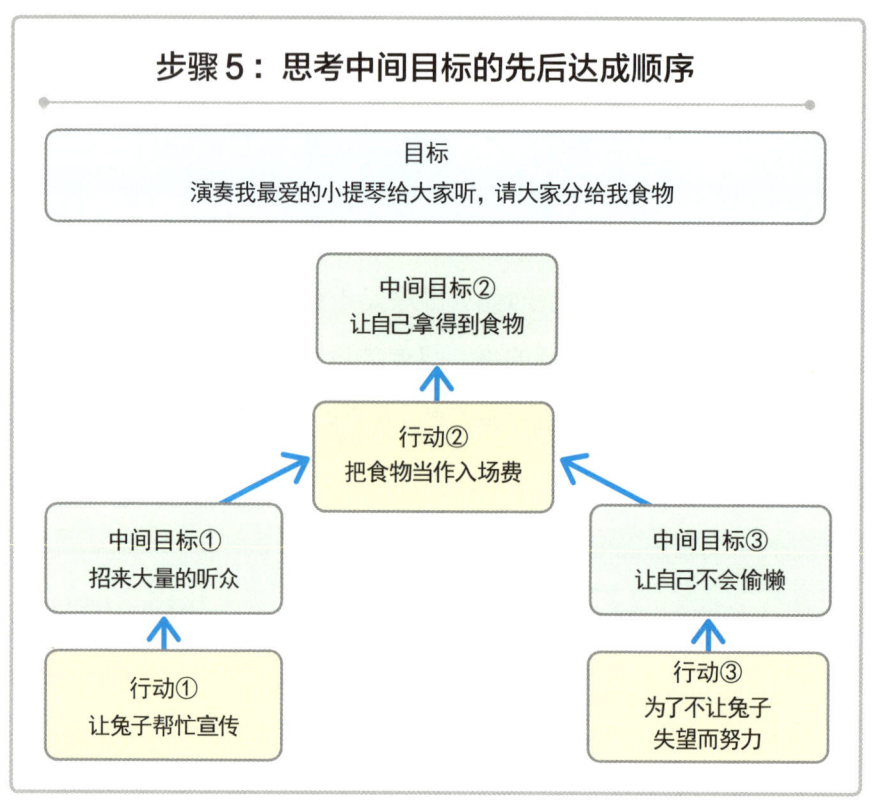

这时，要像分支图一样由下至上念念看，确认顺序是否妥当。假如"请兔子帮忙宣传"，则"能招来大量的听众"；假如"为了不让兔子失望而努力"，则"能让自己不会偷懒"；假如"把食物当作入场费"，则"能让自己拿到食物"❶。

奇妙的是，即使你的目标困难重重，难如登天，用这种方式念出来时，也会让你充满干劲。

---

❶ 念起来不太对劲时，可以再插入中间目标和达到该目标的行动，但不必一丝不苟地检查。要付诸实施的是当事人，只要当事人觉得行得通，并能踏出实践的第一步，就足够了。人生不可能全照着计划走，但也不用太过担心。结果不如预期时，就用推理分析思考原因，并想出解决的办法。如此你就会朝向目标更进一步。只要把失败当成动力，就能无所畏惧。

五个简单提问，轻松绘制远大目标图

绘制远大目标图时，也像绘制其他图一样，只要用以下几个简单提问就能完成。

步骤一：写下远大目标

"你的远大目标是什么？"

步骤二：列举妨碍达到目标的障碍

"达到这个目标的障碍是什么？"

"还有没有其他障碍？"

步骤三：利用举出的各项障碍来设定中间目标

"定下什么样的中间目标，才能让这些障碍不会发生？"

步骤四：思考达到中间目标要采取的手段

"采取什么样的手段，才能达到这些中间目标？"

步骤五：思考达到中间目标的先后顺序

"要以什么样的先后顺序达到这些中间目标？"

然后，在"步骤五"中念出绘制出来的中间目标树形图，只要当事人觉得能够办到，这个远大目标图就宣告完成了。

在你立定一个远大目标之前，先利用这个图进行思考，剩下来只要思考中间目标是什么，以及行动的先后顺序即可。因此这是个十分简单便利的工具。

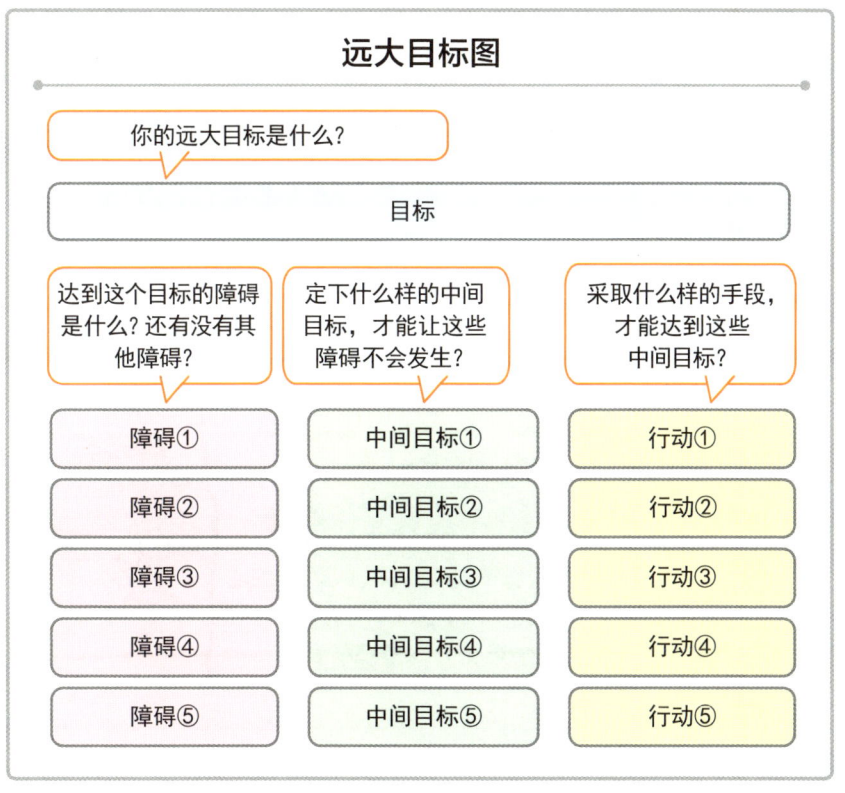

英国的幼儿园幼童绘制的远大目标图

下图是一名英国幼儿园的小女孩绘制的远大目标图。还不会写字的小孩可以画图代替，也可以图文并用。这名小女孩的梦想是结婚，而障碍是"没有结婚对象""没有礼服可穿""没有人要来参加""不会写信""没有结婚蛋糕""没有用餐的地方"等。于是她利用这个远大目标图，画出理想中的婚礼计划。

位于英国爱德曼的波德保育学校

琳达·翠普诺老师的例子

想一想

画下你的远大目标图吧！
在下图中填入你的远大目标、
障碍、中间目标和行动！

你的远大目标是什么？

目标

达到这个目标的障碍是什么？还有没有其他障碍？	定下什么样的中间目标，才能让这些障碍不会发生？	采取什么样的手段，才能达到这些中间目标？
障碍①	中间目标①	行动①
障碍②	中间目标②	行动②
障碍③	中间目标③	行动③
障碍④	中间目标④	行动④
障碍⑤	中间目标⑤	行动⑤

 **依据你在前页中写好的中间目标和行动,想想看,达到远大目标的顺序是什么?**

目标

兔子与螽斯的后续故事

螽斯开始思考……

"为了好好过冬，
有什么是我能做的呢……

对了！
可以用我最爱的
小提琴来开演奏会！"

"真是好主意！我可以帮你宣传。"

蠡斯把自己的想法告诉了兔子："我想要好好练习我最爱的小提琴，之后开一场演奏会。"

兔子四处奔波，替螽斯宣传。

一想到这么做是为了朋友，兔子也就一点儿不想偷懒，

卖力地替螽斯招来更多听众。

所以他十分认真，而不是抱着游玩的心态。

他一想到兔子正在替自己向大家宣传，就觉得不能让朋友失望。

蟲斯拼命练习小提琴。

他们收到了好多的食物，这个冬天不用担心没有食物可吃了。

后来，演奏会持续举办，
兔子负责四处宣传，
螽斯则是努力练习。

兔子与螽斯这对有名的失败组，
如今成了一对有口皆碑的拍档。

听说，
他们从此以后过着幸福快乐的日子。

真是可喜可贺！

专栏一 "教育制约理论"的创立与应用

本书介绍的"培养思考力的三大工具",是以色列物理学家高德拉特博士为教育工作者开发的一套教育方法,希望借此让"思考"的教学在全球各地的学校教育中快速普及。

高德拉特博士所著的《目标》,是在全球拥有千万读者的畅销企管小说,书中提出的整体优化企业管理制约理论持续在全球各产业界缔造出卓越的成果,相信知道这本书的读者不在少数。

曾经,有一位学校老师就有关学生的问题向高德拉特博士求助:

· 学生不知道如何解决自己的问题。
· 一味死记所学的内容,不能融会贯通。
· 无法将所学的知识运用在其他地方。
· 看不出所学知识与日常生活的关联性。
· 不能为自己的所作所为承担责任。

若再进一步探讨这些问题,我们不难发现学校老师长期陷入以下三种两难局面:

·学生程度不一的两难——该依平均程度施教，还是该依学生各自的程度分别施教？

·教学内容的两难——在有限的时间里，教授内容该以教科书中的知识为主，还是以做人的道理和学习的方法为主？

·教学方法的两难——该由教学者来主导，还是让学习者自主性学习？

经过调查发现，这些两难局面是全球学校教育中的共同问题。这并不代表这些问题被全球的教育工作者置之不理。事实上，世界各地都在尝试各种不同的做法，只是至今仍找不到有效方案来解决如此根本的问题。

为了解决这些两难局面，高德拉特博士自己做了尝试，但他打算解决的不是教学者的问题，而是学习者的问题。换言之，他开发了一套知识体系，教导学习者如何提升"思考力"，让学生不但能"学习知识后养成加以应用的能力"，还能"学会如何切实地思考，并对自己的行动负责"。

老师的资源与时间有限。因此，这套知识体系必须简单易懂、可在短期内学会，并且易于实践。在这种背景下孕育而生的，正是"培养思考力的三大工具"——分支图、疑云图、远大目标图所构成的知识体系，名为TOCFE❶（教育制约理论）。

为人师表者，原本就是教学上的专家。关注教育问题的全球老师，在学校的教学中实践教育制约理论，让这套理论越来越臻于完美。而教育制约理论的应用层面也越来越广泛，不但可用于提升学生的思考力，还能用于防止霸凌、少年犯罪，乃至针对一般罪犯预防"二次犯罪"的教育上，都有卓著的成效。这些活动皆由高德拉特博士所成立的非营利团体运营。

---

❶ TOCFE（Theory of Constraints for Education）这套教育方法是由TOC文教教育基金会执行总裁卡西·舒尔肯与高德拉特博士的儿子拉米·高德拉特开发。高德拉特博士将这套教学上的知识交给自己的儿子，也是希望儿子借此得到成长。

起初，教育制约理论是专为教育工作者设计。但很明显的，学校之外也需要"提升思考力""学习知识后养成加以应用的能力"，以及"学会如何切实地思考，并为自己的行动负责"。于是，<u>越来越多的人了解到，教育制约理论这套知识体系不只是学生需要，大人更需要</u>。教育并不局限于校园，家庭、职场上的教育也十分重要。

教导他人可以加深自己的理解，每个人应该都有过类似的经验。所以教导他人就是一种自我学习，让自己理解得更扎实。于是，教育制约理论进化成一套在学校、家庭、职场❶上，通过教导他人实现自我学习的学习方法❷。

---

❶ "TOC文教教育基金会日本分部"将"教导他人同时自我学习"的实例分成"学校""家庭""职场"三大部分来介绍。

❷ 教育制约理论也可称为训练学习力的工具。所以，我一直梦想有一天能在学校开一门"学习力"的课程。

高德拉特博士在1984年出版的《目标》序文中写道："《目标》这本书是在谈科学，也是在谈教育。"书中，智者钟纳对主角罗哥连番提问，让罗哥自行思考，并找出答案。他深信，这样的过程正是最佳的学习之道。他曾说："读者之所以会觉得这本书有趣，是因为读者可以在主人公找到答案前，自己先思考并找出答案。"

高德拉特博士于2011年逝世，他在20岁立下的人生志向是"教导他人如何思考"。这意味着高德拉特博士打从骨子里就是一名教育者，而他也将一生献给了教育，教育制约理论可说是他毕生心血之大成。

专栏二　何谓整体优化的企业管理制约理论？

制约理论是一套整体优化的企业管理理论，由以色列物理学家高德拉特博士所开发。在深入这套理论之前，请先想一想以下两个问题。

1. 你的工作是否与他人或组织在相互关联的关系下进行？
2. 这些人或组织都具有相同层次的能力吗？还是高低不一？

如果你的工作需要与他人或组织在相互关联的关系下进行，且这些人或组织的能力高低不一，那么在工作的流程中，就会遇上相对较弱的地方，也就是所谓的瓶颈。

请看第135页图。此图所表示的是，有5处地方，每一处的人一天分别可制造20个、15个、10个、12个、16个物品。将这5处串联起来，并把每一处负责制作的部分组合起来，才能完成整套作业流程，制造出最终成品。在此情况下，一天可以制造多少成品？

图中的"10"之处是瓶颈所在，因为一天只能做出10个成品。那么，该怎么做才能提升全体数量呢？当然是改善瓶颈"10"之处就可以了。

接着，请各位想一想以下问题。

·针对单一的瓶颈处进行改善，以及对全体进行改善，哪一个能较快展现成果？

·针对单一的瓶颈处进行改善，以及对全体进行改善，哪一个耗费的劳动量较少？

·针对单一的瓶颈处进行改善，以及对全体进行改善，哪一个较能轻松实现？

想必大家的答案都是针对单一处改善吧？那再看

具有"相互连接"和"能力高低"的系统

看下面这个问题。

・针对单一的瓶颈处进行改善,以及对全体进行改善,哪一个能实现整体优化?

其实,这个问题的答案也是针对单一处改善,才能实现整体优化。

"系统"在辞典中的解释是:"两个以上相互关联的要素,为了一同发挥机能,以完成共同任务时所构成的集合体、组织、体系。"换言之,在"两个以上相互关联的要素,为了一同发挥机能,以完成共同任务时所构成的集合体"中,若有"相互关联"和"能力高低"这两个前提,其中必然存在着瓶颈。而将重点放在整体的瓶颈上,也就是将重点放在受限的局部上,就称为整体优化。这就是历久不衰的畅销小说《目标》一书中所提出的整体优化企业管理制约理论。

第135页的图也是"两个以上相互关联的要素,为了一同发挥机能,以完成共同任务时所构成的集合体",所以也可称为"系统"。我们再来看看这个系统中受限之外的部分，也就是非限制部分。这时可明显看出，无论再怎么改善非限制部分，也无法提高系统整体的输出。换言之，当"相互关联"和"能力高低"这两个前提存在时，对非限制部分进行改善都只是在浪费时间、劳力与金钱。比较一个组织中限制与非限制部分的多寡时，得到的结果若是非限制部分占绝大多数，那么这个组织中为改善所进行的许多努力，很可能都浪费在非限制的部分上。不重视"相互关联"和"能力高低"，而让各自在自己的岗位上不断改善，最终带来的结果常常只是局部优化而已。

《目标》一书中举出一例，主角罗哥率领童子军健行，他让大家一起帮助走不快的贺比，以达到整体速度的提升。这种众人互助合作的想法，似乎与"以和为尊"的日本文化不谋而合。

关于《目标》有一段有名的轶事。《目标》虽是全球畅销的小说，但高德拉特博士在2001年前，整整有17年的时间都不肯让《目标》在日本出版。

当时有人猜测他是不是对日本有所嫌恶，但这完全是误解。《目标》在海外发表的1984年，正是日本企业第一线的竞争力席卷全球之时。高德拉特博士担心，此时已在世界上出类拔萃的日本，若再掌握可以促进整体优化的制约理论，就会因为制约理论精神与日本文化的相融，让制约理论在日本所有企业中快速扩散，从而加速全球贸易的不均，对世界经济产生负面的影响。

虽然高德拉特博士自己也觉得这样的想法有些极端，但仍不同意让《目标》在日本出版，直到2001年当他判断他国的第一产业生产力已追上日本时，才终于首肯。由此可见，高德拉特博士对日本文化的评价之高。顺带一提，高德拉特博士最爱的日语词汇就是"和"。

专栏三 随时检查你的『假设』

"随时检查你的'假设'！"这句话是高德拉特博士的口头禅。

"假设"是指不知道是否为真，为解释某种事物而暂时设想出来的概念。比方说"若要工作，则无法过着开心的生活""若不靠自己工作，则无法准备过冬的食物"。这些都是不切实际的设想，说不定只是先入为主的偏见，情形如同书中所述。

进行科学实验时，当结果不如预期，没有人会责怪实验结果。通常结果不如预期时，我们会思考"是不是哪里掺入了先入为主的想法"或"自己的假设是否出错"。其实，发生不如预期的情形时，先怀疑自己的"假设"是研究自然科学的基本态度。

前面已提过，制约理论是根据自然科学开发出来的理论，而自然科学的发展，就是来自不断地验证各种"假设"。高德拉特博士指出，在人与人之间的社会学领域里，也可以运用科学的方式使其继续进步、发展。高德拉特博士所著的《目标》原书序文中提到了这样的想法，在此引用其中的部分内容供读者参考。

《目标》这本书是在谈科学，也是在谈教育。我相信一直以来，这两个名词都不断被滥用，被过度推崇，被加上神秘色彩，以至于失去了原意。对我和许多受尊敬的科学家而言，科学谈的不是大自然的奥秘，甚至不是真理。科学只不过是一种方法论，让我们能利用直截了当地进行逻辑推断，将自然现象放入最小限度的假说中来解释。

物理学的能量守恒定律不是真理，只是一个能有效解释自然界中广泛现象的假设。我们无法证明这样的假设是真理，因为即使我们能用该假设解释无数自然现象，也无法证明它是放之四海而皆准的公式。相对地，只要找到一个无法说明的现象，该假设就会被推翻。但假设被推翻，也无损其效力，这不过凸显出还有其他更有效的假设，等着我们去寻找。能量守恒定律遇到的情形也是如此，爱因斯坦提出了一个适用范围更广且更有效的质能守恒定律，取代了原来的能量守恒定律。不过，这不表示爱因斯坦的假设就是真理，有一天质能守恒定律也有可能被推翻，就像能量守恒定律被推翻一样。

…………

最后也是最重要的，我想告诉各位的是，我们都能成为优秀的科学家。成为优秀科学家的秘诀不在脑力（智力），脑力人人都有，我们需要做到的，只是正视并正确且有逻辑地去思考眼前的事实。

鼓起勇气面对"眼前所见""推断出的结论"和"实际所为"三者间的矛盾，才是成败的关键。突破来自对基本假设的怀疑。

要有更深入的理解，就必须对世间现象及现象成因的基础假设存疑。若我们对世上的现象及其原理能有更多、更深的理解，我们的人生一定会变得更加美好。

后记 让大家都爱上思考

"有没有可能在20年内让日本好转？"

这个我对自己提出的问题，促成了我开始推广本书所介绍的教育制约理论。我之所以想这么做，是因为当时我看到本书第90页中介绍的四岁小孩所画的那幅金鱼疑云图。一个四岁就学会化解对立的孩子，20年后会变得如何？这个想法让我感到无比兴奋。

20年后，四岁小孩就会变成24岁的成人。于是，我以"成为会思考的成人"为标语，从2011年起展开教育制约理论在日本的推广活动。让更多小朋友接触到这项理论最快的方法，就是增加能传授小朋友这项理论的成人。实际推动后发现，参加者包罗万象，除了教育工作者外，上自企业管理组织下至小学生都前来学习，这让海外的TOC文教教育基金会的相关人员也大吃一惊，因为当时大家认为教育制约理论是专为教育工作者而设计的。那时我才刚接触到教育制约理论的皮毛，一心以为不只学校需要教育，无论职场、家庭也该借由教导他人来自我学习。结果我的误解反而让教育制约理论迅速推广开来。

实践过的人都说，教导是最大的学习。这或许就是得到"培养思考力的三大工具"的诀窍，各位读者也可试着将这套工具传授给身边的人。教育制约理论原本就是为了思考教学而开发的工具，您也一定能在教导的过程中感受到成效。

我们都活在人际关系之中，有许多问题无法自己一个人解决。通过与他人一同思考，不少自己无法解决的问题，往往都能轻松解决。

日本各地经常可见学习教育制约理论的活动，许多同仁通过"教中学、学中教"，让学习教育制约理论的伙伴人数持续增加。

凡事都是单纯的
人性本善
永远可以制造双赢
绝不说自己早就知道了

高德拉特博士说过，具有以上四个信念才能让一个人"拥有科学家精神"。和"拥有科学家精神"的伙伴聊天，真是件愉快的事。其中有些人的孩子已是十几岁的少年，他们意气风发地说："20年太久了，10年内就要让日本好转。"他们利用教育制约理论来改善霸凌、班级纪律差等问题，并得到明显的成效。这些都令人对未来感到无比希望。

高德拉特博士认为"每个人都能成为天才"，因为"就像健美先生的肌肉不是与生俱来的，而是通过每天锻炼打造出来的。所以，头脑也可以靠着每天锻炼而增强"。

我一直希望能写出一本内容精彩，又能为人带来勇气的书，若这本书能给读者这种感受，那都要归功于平日给我各种建议与指导的教导教育制约理论伙伴，诚挚地感谢各位。这本书若能让读者感到实用，那都是来自教育制约理论执行总裁卡西·舒尔肯女士的指导。卡西费尽心血所编撰的教科书，集结了教育制约理论长年来的智慧，是一本卓越的书，同时也是TOC文教教育基金会的使用教材。该基金会时常举办活动，欢迎各位读者莅临指教。

在活动中使用"分支图""疑云图"和"远大目

标图"这三项工具时，有时会让人思考到头顶生烟，妙的是，即使如此大家仍乐在其中。一般人觉得思考是一件既痛苦又吃不消的事，所以我一直无法理解，为什么这里的思考却让人既兴奋又开心。

在2014年举办的教育制约理论"儿童会议"研讨会中，当我看到台上的案例分享时，才解开了这个疑惑。分享案例的山下纯怜、山下祥大、黑原纱宁子、谷泽和奏、须田菜月、吉田直矢，全都是小学生，大家异口同声地说："我爱上思考了！"他们不是被

"儿童会议"的参会者和笔者

迫思考，而是把思考当成一种游戏，所以乐在其中。利用三大工具进行思考，的确很轻松容易，而且能从切身的问题开始思考。通过思考解决一个问题后，开心之余又会迫不及待想再试试其他问题。而且，越是能顺利解决问题，越是令人乐在其中，于是接二连三地思考，最后就在不知不觉中爱上思考了。感谢"儿童会议"中的各位小朋友，为我带来如此大的启发。

　　诚如各位所见，本书的魅力几乎都来自我的妻子，也就是绘本作家岸良真由子的支持。"失败二人组"《兔子与螽斯》的故事也是我的妻子的作品，她天马行空的想象力总是叫我惊讶。因娶到她而实现了我的远大目标，这令我强烈感受到自己是多么的幸福♡。

岸良裕司

世上有很多事,答案都不只一个。
若你喜欢思考,就能发现更多答案,
让世界变得更开阔。
衷心希望这本书能为你带来开阔的世界。

——岸良真由子